LE VRAI GUIDE

DE

CLERMONT-FERRAND

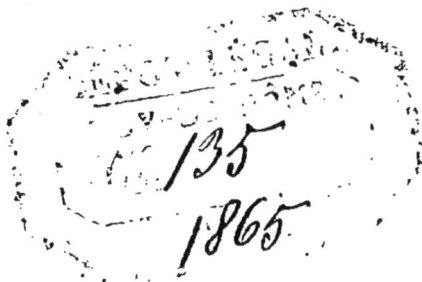

LE VRAI GUIDE

DE

CLERMONT-FERRAND

ET

DU DÉPARTEMENT DU PUY-DE-DOME

QUATRIÈME ÉDITION

ENTIÈREMENT REFONDUE

CLERMONT-FERRAND

DUCHIER LIBRAIRE, RUE St-ESPRIT, 26

On trouve dans cette librairie tous les livres qui ont rapport
à l'Auvergne, cartes géographiques, nouveau plan, etc.

PRÉFACE

~~~

*Le Guide de Clermont - Ferrand et du dé-
partement* n'est point une œuvre scientifique,
mais bien l'indication précise des monuments
qui décorent notre vieille cité; il est le cicé-
rone le plus facile pour conduire les étrangers,
visiter les sites pittoresque de Royat, de Fontanas, de Gergovia, de Saint-Vincent, de
Beauregard, de Pontgibaud, de Riom, de
Mozat, de Tournoël, d'Enval, de Volvic, du
Mont-Dore, de Saint-Nectaire et autres lieux ·
remarquables du département. Clermont est le
rendez-vous, chaque année, d'un grand
nombre d'artistes, d'archéologues, de littérateurs, qui trouveront toujours dans nos
riches contrées, à partir du mois de mai,
des ombrages frais, de délicieux paysages et des
promenades variées.

Ce *Guide* devient indispensable aux habitants mêmes de la ville, ainsi qu'au voyageur,
qui y trouvera l'indication exacte de tout ce
qui peut lui être utile et agréable dans le
pays.

Le voyageur, en arrivant à Clermont-Ferrand, est ordinairement sollicité à aller loger dans l'un des beaux Hôtels dont voici les noms :

HOTEL DE LA PAIX, montée de Jaude, 2, tenu par M. MORATEUR.

HOTEL DE L'EUROPE, place de Jaude, 6, tenu par M. VICTOR MULET.

HOTEL DE LA POSTE, place de Jaude, 2, tenu par M. TELLIER.

Omnibus spécial desservant les départs et arrivées des trains.

HOTEL DES MESSAGERIES, place de Jaude, 9, attenant au *Café de Paris*, tenu par M. RAINALDY.

HOTEL DE L'ÉCU DE FRANCE, rue de l'Écu, tenu par M. SABATIER.

LE VRAI GUIDE

DE

CLERMONT-FERRAND

DU DÉPARTEMENT DU PUY-DE-DOME

ET DE SES ENVIRONS

———◦❈◦———

Clermont-Ferrand doit son origine au bourg celtique *Nemossus* ou *Nemetum* dans lequel Auguste transporta les habitants de Gergovie ou Gergovia, que Vercingétorix avait défendu si vaillamment contre les attaques de César.

C'est vers l'an 250 que saint Austremoine y apporta le Christianisme. En 1096 le pape Urbain II y tint un concile où fut décidée la première croisade.

L'histoire de Clermont-Ferrand serait trop longue à développer si on voulait entrer dans des détails; aussi laisserons-nous ce soin à d'autres écrivains plus habiles; nous n'avons qu'un seul but, c'est d'être utile aux nombreux étrangers qui viennent chaque année explorer notre cité et parcourir nos pittoresques montagnes, riches en minéralogie et en botanique.

Parmi les hommes les plus célèbres dont Clermont peut se glorifier, nous citerons Grégoire de Tours, Savaron, Dulaure, Domat le jurisconsulte, le savant Bompart, médecin de Louis XIII; les poètes Thomas et Delille et le célèbre mathématicien Blaise Pascal. Parmi les évêques remarquables, saint Austremoine, Sidoine Apollinaire, Guillaume Duprat et Massillon, etc.

Avant de conduire l'étranger dans notre ville, nous croyons devoir donner ici la topographie du département du Puy-de-Dôme. Il est situé au centre de la France entre 0° 50' et 1° 37' 34" de longitude orientale, et entre 45° 18' et 46° 16' 30" de latitude septentrionale. Sa plus grande longueur de l'est à l'ouest est de 116 kil. et sa plus grande largeur du nord au sud est de 97 kil. Sa surface est de 800,531 hectares.

Le département du Puy-de-Dôme est borné au nord par celui de l'Allier, au levant par le département de la Loire, au sud par la Haute-Loire et le Cantal, à l'occident par le département de la Creuse et celui de la Corrèze. Le Puy-de-Dôme comprend la partie septentrionale de l'ancienne province d'Auvergne; il tire son nom d'une haute montagne en forme cônique que l'on voit de toutes les places de Clermont. Elle est environ à 8 kilomètres à partir de la place de Jaude.

Le département du Puy-de-Dôme est fort curieux à visiter. Nous dirons avec Sidoine Apollinaire : « Sa plaine, dont la surface est d'environ trente myriamètres carrés sur une longueur de 80 kilomètres, s'appelle le jardin de la France. Elle est si belle que les étrangers, charmés de son site, ne peuvent se décider à la quitter et y oublient bien vite leur patrie. »

ITINÉRAIRE DE L'INTÉRIEUR DE LA VILLE

DE CLERMONT-FERRAND.

Voitures de place qui stationnent à Jaude.

Le prix d'une course dans l'intérieur de la ville, est fixé à 1 fr., et 1 fr. 50 à l'extérieur, dans un rayon de 3 kil.
Voitures à un cheval, 1 fr. 50 c. la première heure, et 1 fr. les heures suivantes.
Voitures à deux chevaux, 2 fr. la première heure, et 1 fr. 50 les heures suivantes.

Le *Guide* que nous offrons aux étrangers n'est pas un livre scientifique ; d'autres ouvrages qui traitent de l'Auvergne d'une manière plus importante se trouvent dans les librairies de la ville.

1.

Quant aux descriptions des lieux, nous voulons laisser à l'étranger le plaisir de les apprécier lui-même; seulement nous avons fait tous nos efforts pour indiquer bien clairement nos monuments et nos sites, afin que celui qui sera muni de ce *Guide* puisse se conduire lui-même.

Départ de la place de Jaude.

Cette place, qui tire son nom de *Jovis*, Jupiter, parce que autrefois il y avait un autel qui lui était consacré, est grande et belle. C'est là que se tiennent les voitures publiques et que débarquent presque tous les voyageurs. Elle a 262 mètres de longueur sur 82 de largeur. On y passe les grandes revues. L'on y voit au sud la statue de *Desaix*, inaugurée en 1848, et la petite place de la chapelle de Jaude, ainsi nommée, parce qu'elle avait avant 89 une chapelle. Les paroisses s'y rendent processionnellement en commémoration plusieurs fois par an.

De ce côté on trouve la route n° 89, de Bordeaux à Lyon. La rue qui conduit à la barrière s'appelle Gonod, nom d'un ancien professeur au Lycée et bibliothécaire de la ville. On voit à la barrière les eaux minérales de Jaude dont nous parlerons plus loin.

Au nord-est de la place, est l'église des Minimes, fondée en 1630 par *Marguerite Saulnier*,
sous l'épiscopat de M. d'Estaing. Elle possède
deux tableaux de Valentin, une *Nativité* derrière
le maître-autel et les *Quatre Evangélistes* dans
une chapelle latérale.

En face est la Halle aux toiles, bâtie en 1816.
A l'extrémité nord de ce monument sont les
bureaux du chemin de fer et la caisse d'épargne,
ouverte les dimanches. La Bourse vient d'être
transférée dans ce bâtiment.

A l'autre extrémité, le Casino à visiter le soir.
Au second étage de ce monument se font les cours
publics de l'école professionnelle.

Avant de quitter ces lieux, nous engageons
l'étranger à visiter le café Lyonnais, le café de
Paris et le café du Globe. Ces trois établissements
richement décorés, pourraient figurer dans une
plus grande ville que Clermont.

Montée des Petits-Arbres.

Arrivé à l'hôtel de la Paix, on contemplera,
à travers la rue Blatin, la perspective des
montagnes; en montant, la place Sugny ou des
Cordeliers, où se tient le marché des viandes.

Si l'on monte à droite, on arrive sur la place des Petits-Arbres, où', les jours de foire, se tiennent les bateleurs et les baraques de toute espèce de marchandises (1).

A gauche, voyez la Préfecture; elle occupe l'ancien couvent des Cordeliers, fondé en 1250, sous l'épiscopat de Guy de la Tour.

Elle a subi bien souvent des réparations ; celles de 1853 l'ont classée au nombre des monuments de la ville dignes d'être visités. L'église du couvent renferme les archives du département, riches en documents de 1789,-1790. Les chartes antérieures au douzième siècle y sont en grand nombre et intéressantes pour l'histoire du pays. La plus ancienne date du comte Eudes de 892 à 896. C'est dans ce monument que se trouvent les bureaux du télégraphe, dont l'entrée est place des Petits-Arbres. On voit le long du mur du jardin de la Préfecture un vaste étalage où les voyageurs trouveront tous les livres et les cartes nécessaires pour visiter l'Auvergne, et grand nombre d'autres ouvrages de littérature tant anciens que modernes.

Admirez la perspective des montagnes de la rue Basse Saint-Esprit. De là on se rend à l'Hôtel-

(1) Les foires principales, qui durent plusieurs jours, ont lieu le 11 novembre, le 9 mai et le 16 août.

Dieu , en suivant la rue qui porte son nom , en face de la Préfecture. Cet édifice date de 1767. En 1807, on y avait ouvert une école secondaire de médecine , qui n'est plus aujourd'hui qu'une école préparatoire. Entrée publique , les dimanches, les mercredis et les samedis, de onze heures à midi. Il contient 500 lits. Cet hospice jouit de la plus belle exposition ; il est environné de vastes jardins, ainsi que de belles cours bien aérées. Il mérite d'être visité en détail.

Près de cet établissement on voit à l'extrémité du boulevard qui porte son nom , la fontaine de la Pyramide. Cet obélisque a été construit à la mémoire du général Desaix , noble enfant d'Auvergne, mort à Marengo en 1800. Avant de quitter ces lieux contemplez la belle vue qui se montre à vos regards en avançant vers le palais des Facultés à peine achevé et d'un style moderne. En revenant sur ses pas à droite se trouvait l'hôpital des Pères de la charité , où l'on a installé depuis le commencement du siècle la bibliothèque de la ville. Elle date du seizième siècle. Fondée par Matthieu de Laporte, doyen de la Cathédrale , elle fut enrichie plus tard par Massillon , évêque de Clermont , qui la dota de la sienne, à condition qu'elle serait ouverte au public deux jours de la semaine;elle l'est actuellement tous

les jours, de dix heures du matin à deux heures
du soir, du 3 novembre au 25 août. Elle contient trente mille volumes et des manuscrits très-
curieux. On y voit un cabinet de minéralogie, de
médailles antiques, d'histoire naturelle et des
tableaux qui méritent de fixer l'attention des
artistes.

Au troisième étage de cet édifice se trouve le
Musée. Conservateur, M. Bouillet.

Bibliothécaire, M. Vimont.

Sous-bibliothécaire, M. Foulhoux.

A la sortie de la Bibliothèque, à droite, est le
Jardin des Plantes. La première pensée de la
création de cet utile établissement, appartient
à la corporation des médecins de Clermont, or-
ganisée en société savante, sous le titre de Collége de Médecine, depuis 1681. Le Conseil de
ville, par délibération du 30 mars 1745, concéda
un terrain, qu'on fut bientôt obligé d'abandonner
après une installation imparfaite. Successivement
transporté des Cordeliers dans la propriété de
M. d'Aurelle de Terreneyre, puis dans le jardin
du couvent du Bon-Pasteur, il fut enfin établi,
dans le lieu où il se trouve aujourd'hui, par
arrêté des représentants du peuple Couthon et
Meignet, du 6 frimaire an II. Depuis 1863 il a été
agrandi. De la plateforme on admire Gergovia,

Montrognon, Montaudou et la vallée de Royat. Son site offre des points de vue ravissants. Sous peu d'années il sera un des beaux jardins publics de France, et cela grâce au bon goût, au zèle et à la générosité de M. Lecoq, professeur d'histoire naturelle à la Faculté des sciences, dont les nombreux ouvrages et les leçons faites pendant plus de trente-cinq ans à Clermont, ont tant contribué à propager l'étude de la botanique et de la géologie. On y entend les dimanches et les jeudis la musique de nos régiments. Avant de sortir de ce lieu, visitez l'aquarium et l'école de pisciculture, qui se trouvent entre la Bibliothèque et l'Académie.

En face de la porte d'entrée du jardin, on voit l'ancienne place du Taureau, dont on devrait changer le nom, qui a été convertie depuis quelques années en un charmant square, qui est transformé dans la belle saison en café-concert.

Avant de remonter prendre votre itinéraire voyez la modeste église des P. Capucins, parfaitement décorée. Avant 89 les Capucins étaient établis dans les vastes bâtiments, qui font face à la place de l'Étoile, longent une partie du Cours Sablon, et ont une issue sur l'avenue de Morny. Le couvent actuel date seulement de quelques années; son architecture n'a rien de saillant. A la sortie de cette chapelle, remontez vers la Pyramide.

RUE BALLAINVILLIERS. — Cette rue est spacieuse et belle. Elle se prolonge jusqu'à la sortie de la ville, elle aboutit à la route de Beaumont que l'on distingue au pied des montagnes. En partant de la Pyramide, on aperçoit à l'extrémité à droite, la Halle au blé, bâtie en 1762, sous l'intendance de M. Ballainvilliers, et reconstruite et agrandie de nos jours. Les marchés y ont lieu les mercredis et les samedis.

En face le voyageur prendra la rue Désaix, qui conduit sur la place de ce nom, appelée anciennement place Saint-Genès. C'est là le marché aux légumes et aux hardes; près de la fontaine il y avait avant 1793 une église qui fut rasée à cette époque.

En revenant sur ses pas, on visitera le Lycée à l'extrémité de la rue Ballainvilliers; les fondements en ont été jetés pendant l'intendance de M. Trudaine par les Jésuites, qui eurent à vaincre une très-vive opposition avant de pouvoir s'établir à Clermont. Ils ont été plus heureux de nos jours. Il a été achevé en 1740. Sa position ne laisse rien à désirer. Il reçoit des internes et des externes. La principale façade est intérieure.

Depuis quelques années de grandes améliorations se sont faites dans cet établissement, et une école de français, commerciale, y est annexée. En sortant du Lycée, le voyageur fera le contour du monument pour se rendre dans la rue des Carmes, où se trouve l'église de ce nom, entièrement réparée à neuf. Grâce à la bonne administration de M. Cély, ancien curé de la paroisse, elle possède des vitraux et des orgues. Sa fondation date de 1288, son clocher de 1851. On y remarque le chœur, ses peintures, ses boiseries et ses magnifiques vitraux.

De la sortie de l'église il faut se rendre sur la place Michel-de-l'Hospital, nom d'un ancien chancelier de France, né à Aigueperse en 1505. De cette place se présente une belle vue à travers la rue des Capucins, actuellement avenue de Morny, qui conduit près de la gare. Elle se prolonge jusqu'au cours Sablon, charmante promenade qui porte le nom d'un ancien maire de cette ville ; elle date de 1800. Là le voyageur tourne à droite vers l'hôtel de la division militaire récemment construit sur une partie d'un ancien couvent, dont l'autre partie, restée dans dans son état primitif, est occupée par les brigades de gendarmerie à cheval.

Tout près de là se voit la belle fontaine d'Amboise. Elle date de 1511. Avant 1808 elle était placée près de la Cathédrale, ensuite elle fut transportée place Delille. Depuis quelques années elle a été transférée où elle est actuellement. A gauche en descendant sur le cours, parcourez la place de l'Étoile. La vue de cette promenade est charmante, quoique interceptée par de nouvelles constructions.

De la fontaine on descend visiter nos belles casernes, qui ne sont pas encore achevées. En face se remarque la chapelle des P. Jésuites, dont l'intérieur est d'une élégance remarquable. Sa construction, à peine terminée, date de 1864.

A partir du beau café des officiers le cours prend le nom de boulevard du Grand-Séminaire, parce que la caserne d'infanterie qu'on y voit aujourd'hui était occupée par les jeunes gens qui se destinaient à l'état ecclésiastique.

Si l'on désire se rendre au Petit-Séminaire, dont le site est des plus agréables, il faut prendre la rue Sous-la-Tour-Notre-Dame, qui longe les murs de la caserne. Il occupe le numéro 1er de la rue Bansac. Il a été fondé en 1714.

En passant, que l'on visite dans cette rue la chapelle de Meydat, construite en 1858, dédiée à l'Immaculée Conception, pour revenir sur le boulevard qui aboutit à la place Delille, dont le nom nous rappelle notre illustre poète, né près de

Pontgibaud en 1738. De cette place partent toutes
les demi-heures des voitures pour Riom et Montferrand. Prenez ensuite la rue des Jacobins, en
passant, voyez la Manutention, ancienne maison
de religieuses hospitalières, à gauche, en descendant, n° 11. Dans la rue Godefroy-de-Bouillon,
le couvent de Sainte-Marie ou de la Visitation,
dont l'église fondée en 1219, par Guidon de la
Tour, comte de Boulogne, a été reconstruite depuis
peu d'années. Deux tombeaux de style ogival
fixeront l'attention des archéologues. La maison
des Frères des Écoles Chrétiennes (bâtiment des
ci-devant Dominicains ou Jacobins) y est contiguë.

Hors la barrière des Jacobins, se trouve le marché aux bois de construction ; à l'extrémité la
chapelle de Chantoing, vulgairement nommée des
Carmes-Déchaux, autour de laquelle sont grou-
pées la maison des Prêtres infirmes et des mission-
naires, la maison de la Providence ; on y visitera
un tombeau antique qui sert de maître autel. En
sortant de l'église, n'oubliez pas de parcourir le
cimetière ; il renferme de beaux monuments funèbres. A la sortie de ce lieu, on pourra se
rendre à Montferrand en suivant la grande route
qui bientôt ne sera qu'une rue. Voyez en passant
le gazomètre, le champ de manœuvres en face
l'Abattoir.

Cette ville est aussi ancienne que Clermont. La réunion de ces deux villes en une même cité, fut commencée en 1631 et consommée un siècle plus tard. Elle était la place la plus forte de l'Auvergne. On y voit encore des traces des anciennes fortifications. Elle est bâtie sur un monticule. Le Grand-Séminaire diocésain est dans ses murs. Le voyageur visitera l'église, édifice qui appartient à l'architecture ogivale (monument historique). Quelques maisons gothiques, les Archives, le Grand-Séminaire, le Bon-Pasteur, la place de la Rodade où se tiennent les marchés aux bestiaux tous les vendredis. C'était autrefois la place de Grève de Montferrand. Pendant les persécutions religieuses du seizième siècle des protestants y furent brûlés vifs. Du centre de cette place on a un coup d'œil magnifique.

RETOUR DE MONTFERRAND. — Au lieu de rentrer à Clermont par la grande barrière, que l'on traverse le marché aux planches pour visiter le bel établissement Daubrée. En sortant de là il faut prendre la petite barrière de la Sellette, qui est en face. En passant voyez les ateliers de monuments funèbres; plus haut, la caserne de cavalerie dans l'ancien couvent des Hospitalières, fondé en 1641. Cette dernière rue aboutit à la place Delille, qui serait beaucoup mieux nommée place

Pierre l'Ermite, car ce fut là que le fougueux
Pélerin prononça ce *Dieu le veut!* qui eut plus de
deux siècles de retentissement. Le voyageur tour-
nera à droite pour se rendre sur la place d'Espagne, achevée en 1692 par des Espagnols,
prisonniers de guerre à Clermont. De cette place
on a des échappées de vue magnifiques.

La troisième rue en montant à gauche, appelée
rue du Port, conduit droit à l'église de ce nom,
qui date du neuvième siècle. Elle a été bâtie par
saint Avit, évêque de Clermont, détruite en 853,
et reconstruite en 866, par saint Sigon. Son
style romano-byzantin l'a fait classer au nombre
des monuments historiques. Elle est surmontée
de deux clochers; on remarque le tympan du
portail placé au midi, décoré d'un beau bas-relief;
les chapiteaux, et surtout les mosaïques en lave
qui ornent l'extérieur, sont dignes d'attirer l'attention. Dans l'intérieur on admire ses vitraux, ses
colonnes surmontées de chapiteaux historiés, les
chapelles, et surtout la souterraine demi-circulaire
supportée par d'énormes colonnes. L'église a la
forme d'une croix et se compose de trois nefs; elle
possède des orgues, elle est aussi très-bien décorée;
elle a 46 mètres de longueur sur 14 de largeur.
A la sortie de l'église reprenez la place d'Espagne; une allée d'arbres relie cette promenade à

la Poterne, qui est une charmante place plantée d'arbres et ornée d'une jolie petite fontaine qui date de 1863.

Le panorama qui se déroule à l'œil ébloui est des plus attrayants. Voyez dans le bas le grand et populeux faubourg de Saint-Alyre, avec sa belle église ; les Bughes, promenade plantée de noyers, très-agréable en été ; il y avait autrefois un temple consacré à Diane. Plus loin on remarquera les côtes de Chanturgues, de Montjuzet, dont le vin est renommé, et le puy de Dôme dans toute sa majesté. A l'entrée de la Poterne, sont agglomérés, dans la rue des Notaires, l'Hôtel-de-Ville, le Palais de Justice et la Maison d'arrêt, qui a été commencée en 1824, sur les plans de M. Ledru père, alors architecte de la ville.

De la rue des Notaires, remarquez la Cathédrale, vers la place Devant-Clermont ; c'est un des plus beaux monuments d'architecture ogivale. Que le voyageur l'explore intérieurement et extérieurement, sans oublier de monter au clocher, afin d'y jouir d'une des plus belles vues. Cette église a été construite et reconstruite quatre fois ; elle est un chef-d'œuvre d'architecture. Ce fut en 1248 que Hugues de la Tour, évêque de Clermont, en jeta les fondements avant son départ pour la Terre-Sainte. Le plan en fut dressé par Jean

Deschamps. Sa longueur est actuellement de 80 mètres sur 41 de largeur. Suspendus depuis le commencement de la réformation prêchée par Luther, les travaux d'achèvement viennent d'être repris. Elle possède de beaux vitraux et des orgues magnifiques, qui ont été inaugurées au dernier concile tenu en 1850. L'horloge Jacquemart que l'on y voit a été apportée d'Issoire en 1577.

Entre la place Devant-Clermont et la rue des Gras est situé le Tribunal de Commerce, qui a été institué par lettres patentes de Charles IX, en 1563.

Il faut traverser le haut de la rue des Gras (qui tire son nom des degrés *(gradus)* qui conduisaient du bas de la rue à la principale entrée de la Cathédrale ; tout auprès, est encore la rue des *Petits-Gras*, ou petits degrés, qui aboutit aux boulevards) pour aller à la salle de spectacle, située sur la place appelée Derrière-Clermont, actuellement rue Royale. Ce monument n'a pas été achevé ; il date de 1807. Les jours de spectacle sont le jeudi et le dimanche. Le Château-d'Eau y est annexé ; il ne peut être visité qu'avec l'autorisation du fontainier.

Au sud-ouest de la Cathédrale, on voit la maison où naquit Pascal, dont l'entrée principale est dans le passage Vernine. Clermont doit remercier

M. Gonod, ex-bibliothécaire, et M. Dauzat, pro-
priétaire, d'avoir eu l'heureuse idée d'immorta-
liser cette demeure, en scellant sur les murs le
buste de ce grand homme.

Le palais épiscopal est près de la Cathédrale;
pour y aller il faut passer par la rue de Terrail ;
à la fontaine de ce nom, à gauche, on prendra
la rue Pascal (ancienne rue des Nobles). Ce palais
occupe l'ancienne Intendance, n° 4.

Il faut revenir vers la rue des Gras pour aller à
la Boucherie ou Marché au Poisson. On s'y
rend, en prenant à droite, en descendant les Gras,
la rue de la Coifferie.

De cette dernière place, on prendra la rue de
la Grande-Boucherie, qui aboutit à Saint-Pierre,
place carrée (Marché aux légumes). Elle tire son
nom d'une ancienne église détruite pendant la
révolution de 93. Elle a été réparée en 1852; on
y a remplacé l'ancienne fontaine qui gênait la
circulation, par quatre petites. De cette place, la
rue Saint-Pierre va directement au Poids-de-Ville
(marché aux fromages en gros).

Ce monument a été construit en 1663. Le premier étage est occupé par le Salon du commerce.
En face est la rue Sainte-Claire, où l'on trouve au
centre, à droite, l'église de Saint-Eutrope fondée
dans le cinquième siècle, selon Grégoire de Tours,

par la femme de saint Namace, évêque de
Clermont. Elle vient d'être reconstruite sur un
nouveau plan. Elle mérite d'être visitée. Presque
vis-à-vis est la maison du Refuge, dite du Bon-
Pasteur, établie pour les orphelines et la conver-
sion des filles, fondée en 1842, par M. Chartier
alors curé de la Cathédrale.

. Plus loin, du même côté, est la rue de la Garde
qui va aboutir vers celle de Saint-Arthème (nom
d'un ancien évêque); elle conduit directement à
la source incrustante, rue des Chats, n° 42, où
l'on admire un pont naturel achevé et un autre
qui est en voie de formation, Les étrangers doivent visiter ces lieux; ils y trouveront à acheter
des objets incrustés fort curieux, sans oublier
de voir aussi la grotte du Pérou, nouvelle source
très-curieuse, située au bas de la rue Neuve-
Sainte-Claire. De là il faut revenir prendre, à
l'extrémité de la rue Sainte-Claire, la rue Saint-
Alyre au bas de laquelle existe encore le couvent
de Bénédictins fondé par saint Alyre, évêque
de la ville, et occupé par des Ursulines, qui
s'y établirent en 1821. Dans l'enclos annexé, se
trouve un monticule de tuf bitumineux. En 1550,
un Abbé de Saint-Alyre, faisant creuser des
caves, y construisit une terrasse qui a été appelée
depuis le Calvaire. De ce lieu se présente la plus

belle vue de Clermont. Malheureusement on ne peut y entrer.

Remontez par la rue Saint-Alyre la rue Sainte-Claire, pour descendre dans la rue Fontgiève, où sont situés le marché au bois de chauffage et la caserne de la Chasse. Ce bâtiment avait été construit pour servir de retraite aux prêtres infirmes.

En revenant en ville, il faut avoir soin de tourner à droite de la Barrière et prendre la rue du Passeport ; elle conduit à l'Hôpital général par la rue des Vieillards. Ce monument est vaste ; il a été fondé en 1757, par Mgr d'Estaing, évêque. La chapelle date de 1851 ; elle a été faite sur un plan donné par M. Imbert, habile architecte en cette ville.

Indication des rues où l'on voit encore des restes bien conservés d'anciennes constructions civiles.

En sortant, on reprendra la rue des Vieillards, la rue Saint-Dominique, la rue de l'Ange et la rue de l'Écu, qui vient aboutir place de Jaude.

L'intérieur de la maison n° 2, rue Terrasse ; des n°s 3 et 19 rue des Chaussetiers, n°s 14 et 31 rue des Gras ; n° 25 place Saint-Pierre ; n° 48 rue Fontgiève ; cette dernière construction ne se comprend bien qu'en sachant que les pierres qui ornent la façade proviennent de l'ancien *jubé* de la Cathédrale. Rue du Port, n° 27 ; rue Barnier, n° 1 ; rue du Terrail, n° 3, anciennement la maison de l'historien Savaron.

A Montferrand, diverses constructions autour de l'église.

Eaux minérales do Clermont-Ferrand.

Elles sont disséminées dans différents quartiers de la ville.

Source de Jaude, près la barrière, la plus ancienne.

On l'emploie pour combattre les chloroses, les débilités de l'estomac, la dyspepsie et les phlegmasies chroniques des organes urinaires.

Source de Jaude hors la barrière.

Ses propriétés sont à peu près les mêmes.

Source dite du Champ-des-Pauvres.

Elles appartiennent à la famille Chauvel. Pas utilisées.

Sources de Sainte-Claire et de Saint-Alyre.

Elles sont utilisées pour les incrustations.
Les bains de Saint-Alyre sont prescrits aux convalescents, aux chlorotiques, aux personnes

rachitiques, faibles et d'une constitution molle et scrofuleuse, à celles qui ont des tumeurs blanches et des engorgements consécutifs aux fractures, aux entorses et aux luxations.

ITINÉRAIRE

De Chamalières, de Saint-Mart, de Royat,

DE FONTANAS, DU PUY-DE-DOME,

Du marbre, de l'airain qu'un vain luxe prodigue,
Des ornements de l'art bientôt l'œil se fatigue ;
Mais les bords, mais les eaux, mais les ombrages frais,
Tout ce luxe innocent ne fatigue jamais.

DELILLE.

Les environs de la ville de Clermont-Ferrand sont des plus beaux et des plus intéressants. Nul pays n'est plus accidenté ni plus diversifié ; de tous côtés on y voit des ruisseaux qui arrosent des jardins, de riches prairies, des campagnes verdoyantes, des coteaux agréables ; à la situation la plus brillante de l'Auvergne se joint la fertilité du sol, la sérénité d'un air pur. C'est dans cette riche campagne que nous allons conduire l'étranger et lui montrer que l'Auvergne est préférable à la Suisse, tant par ses pittoresques montagnes que par les trésors abondants qu'elle renferme dans son sein.

De Clermont à Chamalières, 1 kilomètre.

De Chamalières à Saint-Mart, 1 kilomètre.

De Saint-Mart à Royat, 1 kilomètre.

De Royat à Fontanas, 3 kilomètres.

On part de la place de Jaude par la belle rue Blatin (nom d'un ancien maire de Clermont) ; à mesure qu'on avancera sur la route, il faut considérer le bassin qui se développe, bordé d'un côteau circulaire, paré à droite d'un riche vignoble (Montjuzet et Chanturgues, célèbres jadis par leurs temples à Bacchus et à Jupiter) : à gauche de belles plantations ; au milieu le puy de Dôme, qui élève sa tête pyramidale comme pour embellir le tableau que l'on va parcourir. En sortant de la rue Blatin, on trouve un mur très-élevé, à droite de la route ; c'est Sainte-Marie ou maison du Bois-de-Cros, dirigée par des religieux de l'ordre de Saint-Jean-de-Dieu, et destinée à recevoir les aliénés de plusieurs départements, fondée en 1835. Du même côté le bel établissement des Orphelins, où l'on forme des élèves jardiniers. Ce bâtiment, appelé autrefois l'abbaye de Saint-André, a été construit en 1150 par le comte d'Auvergne *Guillaume V*, dit le Grand. Tout près de là Chamalières, dont la population est de

1,250 âmes. C'est l'ancien faubourg de la ville d'Auvergne, A l'entrée on remarque une brasserie située dans une plaine riche et fertile. Que de beaux tableaux se présentent à l'œil étonné! Quel peintre pourrait tracer ces sites ravissants, ces paysages qui de l'aveu des étrangers peuvent le disputer aux belles maisons de plaisance, par la diversité des lieux qui ravissent à chaque pas? Tout offre un aspect merveilleux, la vue est à chaque pas récréée par de magnifiques prairies, des ruisseaux limpides, des jardins, des maisons de campagne, dont les noms seuls séduisent. *Chamalières* est constamment sillonné par les voitures (dans la belle saison) qui le traversent pour aller à Saint-Mart et à Royat. Rien n'y manque, hôtels, cafés, brasseries, chambres garnies. Avant de quitter ces lieux, voyez l'église. Elle mérite l'attention des archéologues; elle a été fondée par saint Genès, évêque de Clermont, en 650. Son clocher est moderne et fait peu d'honneur à l'architecte qui l'a construit.

En face de l'église, sur la place, on voit une modeste croix près du presbytère. Sur cette place se célèbrent deux fêtes : celle de Saint-Mart, le 25 avril, et la fête patronale, le 23 septembre.

A la sortie du village se montre une tour carrée qui suivant les mémoires de Dutillet a appartenu aux Dauphins d'Auvergne. Cette tour est appelée dans le pays, la tour des Sarrasins. Étienne, vingt-troisième comte d'Auvergne, l'habitait en 881.

En face, arrêtons-nous devant Montjoli, belle maison de campagne qui mérite d'être vue. De la porte d'entrée on aperçoit de grandes allées, au milieu un superbe jet-d'eau ; pour juger de la beauté de ce séjour il faut faire ses efforts pour y pénétrer et le visiter en détail. Cette propriété appartient à M. de Marpon, receveur général. Avant de quitter ce bourg, il faut visiter Beaulieu avec ses fossés, près du pont. Sur la nouvelle route, les Roches-Galoubis. Tous ces environs sont embellis de mille points de vue qui vous charment et vous délassent.

De la place de Chamalières deux voies se présentent pour se rendre à Saint-Mart : l'une à gauche, ou passent les voitures ; l'autre à droite, appelée la rue du Pont de la *Gravière*.

En passant par là qu'on visite *Richelieu*, près du pont, sur le chemin de Villars. A droite, à la sortie de Chamalières, sur le même chemin plus haut se trouve Fontmaure, sur le penchant d'une colline dont la position est des plus belles. A peu de distance de cette habitation, sur le chemin de Villars, des restes de voie romaine, assez bien conservés. Revenons à la sortie de Chamalières.

Vers le pont, le voyageur remarquera le long de la route de beaux moulins.

Ce chemin conduit à Saulce, propriété assez mal entretenue. En passant par là on est dédommagé par le murmure d'un ruisseau limpide qui alimente des usines et des papeteries abandonnées; on arrive vers le ruisseau près de plusieurs petits moulins appelés les Moulins-des-Eaux, à cause de leur charmante situation. Derrière s'aperçoit Saint-Victor, belle maison de campagne; son voisinage est embelli de mille objets, qui vous charment et vous engagent à vous reposer pour contempler tant de merveilles.

Si au contraire de la place de Chamalières l'on suit la route où passent les voitures, on revient devant la porte de fer de Montjoli; à partir de là, presque jusqu'à Saint-Mart, un ruisseau dont les eaux limpides sont ombragées de saules, coule le long de la route. Tout en admirant les prairies et les vergers, on arrive vers une arcade sous laquelle il faut passer. Remarquez le mur de gauche qui annonce l'antiquité de ces lieux. Cette habitation champêtre, comme je l'ai dit plus haut, s'appelle Saulce, dénomination tirée peut-être du mot latin *Salices* qui veut dire Saulée, saules, arbres communs dans les environs. On y remarque encore un vieux donjon. Tout près de la route

est une chapelle, qui est à droite avant Saint-
Mart. Elle appartient aux Capucines. On y a établi
un hospice pour y recevoir les incurables.

Il aurait mieux valu le placer dans l'ancienne
chapelle de Saint-Mart, au-delà du ruisseau ; cette
chapelle, dont on voit encore des restes, a été bâtie
au sixième siècle, par saint Mart, de l'ordre de
Saint-Benoît, qui, dit-on, y mourut et y fut
inhumé. Tout près, voyez un reste d'aqueduc
qui conduisait les eaux de Fontanas. à Clermont
A partir de ces lieux, la nature prodigue des
beautés sans nombre dans les collines et dans les
vallons que l'on aperçoit ; le voyageur y trouvera
des ombrages frais pendant la belle saison, où il
pourra s'asseoir pour contempler dans son extase,
comme l'a dit un poète, un tableau qui n'a point
de modèle.

Plus on avance, plus on éprouve d'émotion ; le
cœur bat à l'approche des montagnes qui se présentent aux regards. Là un air embaumé circule
dans les touffes d'arbres ; plus loin ce sont des
plantes fleuries qui mêlent leurs tiges aux bran-
ches de l'aubépine ; l'espace que l'on va parcourir est si beau qu'il faut de temps en temps faire
des haltes afin de contempler le vaste tableau que
l'on se propose d'admirer.

Qu'on s'arrête à l'établissement thermal pour

2.

l'explorer. Dans l'intérêt des malades et des touristes, nous croyons devoir reproduire textuellement le chapitre qui a rapport à Royat et aux bains de César, que nous puisons dans la *Statistique* que M. Cormont a publiée lors de l'exposition de Clermont-Ferrand en 1863.

Eaux minérales de Royat et du Bain de César.

« La gorge ombreuse où est placé le village de Royat est profondément encaissée entre deux séries de collines granitiques, dont les pentes inférieures sont baignées par le ruisseau de Tiretaine. L'établissement thermal est à l'est et à six cents mètres de ce village, à l'endroit où les soubassements des montagnes viennent se confondre avec les coteaux peu élevés et couverts de vignobles qui bordent la plaine fertile si bien décrite par *Sidoine Apollinaire.*

« Protégée contre les vents de l'ouest et du sud-ouest par le Puy de Chateix et les rochers de Saint-Mart, cette partie de la vallée est largement ouverte du côté de l'orient. L'air qu'on y respire est très-pur, et la température de l'atmosphère est aussi douce que dans la Limagne.

« Pendant la belle saison, des voitures omnibus parcourent incessamment la route qui conduit de

Clermont aux bains. Des projets de promenades sont à l'étude ; mais en attendant l'époque où ils auront été réalisés, les baigneurs peuvent se distraire en parcourant la magnifique vallée de Tiretaine. Les admirateurs des beautés de l'Allemagne et de la Suisse ne trouvent dans leur album rien de plus suave que le tableau formé par ces rochers ces bois, ces cascades ; ce village qui grimpe et qui sourit à travers les arbres touffus ; cette église formidable et cette grotte merveilleuse qui semble être le frais et mystérieux asile d'une divinité mythologique , l'auguste boudoir des naïades.

« Nous devons signaler aux touristes les terres mêlées de blé brûlé qui rappellent la destruction du château du duc Waïfre par les troupes de Pépin. Ces restes d'un vaste incendie portent le nom inexact de grenier de César. Ils couvrent une partie des pentes méridionales de la montagne de Chateix. La vieille église entourée de machicoulis et la belle croix gothique du village de Royat méritent de recevoir la visite des archéologues.

« Les historiens n'ont point oublié le vallon de Saint-Mart , les sources minérales et les vieux thermes.

« Jean Banc parle d'une infinité de sources froides et chaudes, de bains adjencez par l'antiquité, qui marquent être une pièce fort ancienne d'emploi, qu'il attribue aux Romains. Belleforest, Fléchier, Audigier, Chomel et Delarbre en font aussi mention.

« Avant 1843 trois sources existaient sur le territoire de Saint-Mart : celle du bain de César, qui alimentait et qui alimente encore un petit établissement thermal, et faisait monter le thermomètre à 29° centigrades ; celle de Saint-Mart, qui n'était point utilisée ; et celle du bain des Pauvres, qui était une émanation de la grrnde source de Royat. »

Cette dernière source a été découverte sur les indications de M. Zani père, fontainier, en 1843. Le curé Védrine et le maire Thibaud ont beaucoup encouragé les habitants de Royat à poursuivre les fouilles qui avaient été entreprises au mois de février 1843, et qui ont successivement amené la découverte d'une piscine carrée, d'un aqueduc, d'une deuxième piscine hexagonale, et de plusieurs sources fournissant 196 litres d'eau à la minute, et dont la température variait entre 32° et 35° centigrades.

Dans le rapport envoyé en 1853 à M. le Préfet du Puy-de-Dôme par M. Nivet, inspecteur des thermes de Royat, ce médecin demandait que les calcaires travertins placés du côté du sud, et qui gênaient la sortie de l'eau thermale, fussent détruits. Cette opération a été entreprise avec beaucoup d'intelligence par M. Buchetti, au mois de décembre 1853 ; elle a augmenté successivement la quantité de l'eau minérale, dont le volume s'est élevé à 1,000 litres par minute, à basse pression. Nous ne parlerons pas du bâtiment provisoire bâti en 1845, il n'en vaut pas la peine ; mais nous dirons quelques mots du bel établissement thermal qui a été construit en 1852 et 1853 d'après les plans de M. Agis Ledru, architecte à Clermont, par MM. Lhuer et Buchetti, concessionnaires, et dont la première pierre a été posée par M. Léon de Chazelles, ancien maire de Clermont.

La forme et l'ornementation des thermes de Royat rappellent les constructions romaines ; leurs vestibules et leurs galeries sont grandioses ; ces galeries et les bâtiments annexés renferment des cabinets à douches et à bains de vapeur, deux salles d'aspiration, deux grandes piscines munies de douches, douze cabinets à bains et à douches, cinquante cabinets contenant cinquante-deux baignoires en pierre de lave ou en marbre blanc.

L'ancien inspecteur, M. Allard, a obtenu, il y a quelques années, la construction d'un établissement hydrothérapique annexe.

L'établissement de Royat reçoit l'eau de la

grande source thermale, dont la température est
de 35° centigrades au griffon ; et de 34° 5 à la
buvette. Comme le volume d'eau dépasse de beaucoup les besoins du service, on laisse couler dans
chaque baignoire, pendant toute la durée de l'immersion, un jet assez considérable pour que la
température du bain ne varie pas. Il résulte de
ce fait que les bains de baignoire présentent les
avantages des bains de piscine, sans en avoir les
inconvénients. Les douches et les bains chauds
sont obtenus en mêlant une petite quantité d'eau
minérale chauffée en vase clos, à l'eau minérale
naturelle.

L'eau thermale de Royat, prise à la source, est
incolore et limpide ; sa saveur d'abord acidule est
ensuite alcaline et un peu ferrugineuse. Vue en
masse, elle paraît un peu louche quand elle a
perdu une partie de son acide carbonique. Elle
laisse déposer dans ces circonstances un sédiment
rougeâtre. Elle a été analysée successivement :
1° par M. Aubergier ; 2° par M. Nivet ; 3° et par
MM. les Ingénieurs des mines. M. Chevalier, et
plus tard M. Thénard, y ont découvert une quantité très-minime de sel arsénical ; M. Gonod fils,
des traces d'iode.

L'analyse la plus complète a été faite par M. Lefort, de Paris. Les eaux minérales de Royat se

rapprochent beaucoup de celles d'Ems (Allemagne) ; elles ont d'autre part des propriétés analogues à celles du Mont-Dore ; seulement elles sont moins chaudes et contiennent une plus forte proportion de substances salines que ces dernières. Elles servent à traiter les mêmes maladies, mais elles sont plus particulièrement applicables aux constitutions molles et lymphatiques, aux tempéraments peu nerveux et peu irritables. Quelques tempéraments nervoso-lymphatiques s'en trouvent très-bien. On les prend sous la forme de boissons, de bains hydrominéraux, d'aspirations, de bains de vapeur, de douches de vapeur et de douches liquides descendantes et ascendantes.

Les eaux de Royat appartiennent à la classe des liquides acidules, ferrugineux, alcalins et salins; elles sont anti-anémiques et un peu stimulantes; elles contiennent des doses homœopathiques d'arséniate de soude.

On les administre aux personnes affectées de dyspepsies et de gastralgies chroniques rhumatismales ou chlorotiques; d'inflammations chroniques des bronches (catarrhes pulmonaires); d'asthmes secs et humides liés à des lésions nerveuses ou organiques des poumons. Elles servent à dissiper les engorgements pulmonaires qui compliquent et aggravent la phthisie.

L'usage des eaux et des bains tempérés est
propre à combattre la gastralgie chronique, la
chlorose, le rachitisme, l'anémie des convalescents, l'affaiblissement qui tient à l'habitation des
grandes villes, des maisons et des ateliers mal-
sains et mal éclairés, les affections scrofuleuses
peu graves. Celles qui sont intenses exigent l'u-
sage des bains de la Bourboule. Les mêmes bains
tempérés réussissent quelquefois dans les affections dartreuses; les douches et les bains chauds
sont applicables aux rhumatismes chroniques. On
a traité également par les douches et les bains les
paralysies incomplètes.

Les bains et les injections tempérés ont été
utilisés pour le traitement des engorgements de
l'utérus et des leucorrhées; on doit en surveiller
les effets avec beaucoup de soin. Les coryzas, les
maux de gorge, les laryngites, les enrouements et
les extinctions de voix, les bronchites chroniques,
les phthisies apyrétiques sont améliorés ou guéris
par les eaux et les salles d'aspirations; les rhumatismes rebelles sont envoyés aux bains de vapeur.

Enfin les douches et les bains dissipent les engorgements, les raideurs et les douleurs qui suc-
cèdent aux entorses, aux luxations et fractures.

Les bains de César sont frais et fortement aci-
dulés; ils doivent être moins prolongés que ceux

du grand établissement; vingt à trente minutes d'immersion suffisent pour amener la réaction.

On oppose l'usage des eaux et des bains de César aux pertes séminales, aux incontinences d'urine, au rachitisme, aux affections chroniques des organes génito-urinaires.

De même qu'au Mont-Dore, la fièvre, les maladies graves du cœur et le cancer confirmé, sont des contre-indications dont on doit tenir compte. Inspecteur des bains, M. Barret, de Paris.

De l'établissement deux chemins se présentent pour aller visiter la grotte de Royat, la route, et le petit sentier qui se voit au-delà du petit pont de bois construit sur le ruisseau. Cette voie s'appelle vulgairement la Redonde. A droite, adossé contre les bains de César, se fait remarquer par sa tenue l'hôtel Servant, où l'étranger trouvera un bon confortable ainsi qu'un accueil des plus polis.

Le petit chemin, escarpé et champêtre, qui est à gauche conduit aux greniers de César ou côte de Chatel, où était jadis le château de Waifre, duc d'Aquitaine, que Pépin détruisit en 761. Sa base est composée de porphyre terreux, de grès cristallisés, riches en minéraux formés de silice, d'alumine et de potasse. Au haut de cette côte existent des carrières d'un granit blanc-gris, veiné de rouge. De l'ancienne forteresse de Châtel, il n'existe plus rien que quelques fragments de tuiles, de charbons de bois, de grains calcinés, qui attestent l'incendie qui l'a dévorée. On ne voit sur ces coteaux que des vignes. A la place des remparts crénelés et des tours, sont des ronces et des arbrisseaux qui se lient souvent à la vigne et à l'humble violette cachée dans les gazons de la montagne.

A mi-côte, le voyageur contemplera les beaux rochers de Saint-Mart, qui offrent un aspect tout à fait pittoresque et sauvage; il s'écriera avec enthousiasme : O mortels ! respectez ce rocher si vous ne voulez point que l'on vous traite de Vandales !

En cotoyant la vallée d'où l'on entend le bruit incessant des usines qui se mêle aux chants des oiseaux qui fourmillent dans ces bocages toujours enchanteurs, on arrive à la grotte, sous l'ombrage de nombreux et majestueux châtaigniers, où nous conduirons l'étranger pour se reposer, en passant par une autre voie.

En suivant la grande route, la vue sera récréée jusqu'au regard de Lussau, en face de deux grandshôtels. Ici on doit s'arrêter un instant pour contempler ce nouveau tableau, ces collines, ces vignes, ces nombreux hameaux, ces vergers, ces monts où l'on voit encore des restes de féodalité, cette plaine de la Limagne cultivée, dont les champs paraissent à la vue comme d'immenses jardins. Au milieu de ce vaste espace la ville de Clermont avec ses monuments, ses églises et sa gothique cathédrale. Quelle plume assez habile pourrait décrire ces lieux? Disons avec M. Bouillet : « Allez, paysagistes, allez où vous voudrez, en Italie, en Suisse, remplir vos albums ; il vous sera difficile de rencontrer des tableaux et des sites d'une originalité plus pittoresque. »

A gauche, en montant près du Grand-Hôtel, sur le chemin de Bellevue, s'aperçoit une croix, près le réservoir des eaux qui alimentent les fontaines de Clermont (construction grotesque peu en harmonie à sa position). A partir de ce lieu le voyageur devra promener ses regards dans tous les sens, s'il veut qu'aucune curiosité ne lui échappe.

Le petit chemin qui est à gauche conduit à la propriété de M. Boucaumon, dont le site est charmant ; plus haut Bellevue ; le nom seul convie à visiter cette maison de campagne admirablement située. Par là on va aussi à Montaudou, où l'on voit encore du côté du nord-est un reste de muraille romaine qui porte le nom de muraille des Sarrazins.

A droite l'on aperçoit Gravenoire beaucoup plus élevée, dont les flancs sont couverts de sco-

ries et de pouzzolanes rouges, noires, etc. La perspective de ces montagnes est si belle que nous ne
saurions assez solliciter l'étranger à les parcourir.

Si au contraire on suit la route qui mène à
Royat, montez à droite sur le rocher de Saint-
Mart, au bas duquel on vient de construire un
hôtel. Sa vue s'étend sur toute la Limagne ; Chamalières, Clermont, Montferrand, Bourdon et un
grand nombre de villages semblent ne former
qu'une même et vaste cité ; ce qui rend cette vue
plus surprenante, c'est la rivière d'Allier, qui dans
son cours tortueux embellit ce magnifique panorama.

Du même côté, sur la route, se présente un
chemin à pente rapide qui descend dans le vallon. Les maisons, les moulins, les fabriques pla-
cées dans le bas, sur le ruisseau, forment un
tableau vraiment champêtre et bien digne d'être
exploré. On doit s'arrêter un instant au haut de
ce chemin avant de descendre.

C'est la que viennent chaque année de nombreux paysagistes s'asseoir, pour prendre le cro-
quis de ce beau vallon, de sa gothique église, de
sa vieille tour, de Charades (hameau) et du puy
de Dôme, qui semble avoir été placé au centre
de ces riches coteaux pour couronner cet amphithéâtre vrai séjour des Dieux.

Veut-on gravir le coteau de l'Echet, dit la Croix-de-Saint-François, à gauche de la route ? Quelle magnificence ! Il domine sur toute la vallée qui étale ses grâces avec somptuosité. En suivant la route, l'étranger remarquera devant lui un hôtel des mieux situés *(A ma Campagne)*. Du jardin de cet établissement (tout en prenant un bon confortable) on jouit d'un air pur et d'un paysage si merveilleux que nul poète ne voudrait se charger d'en faire la description. Sa plume resterait muette ; aussi sollicitons-nous le voyageur à s'y arrêter pour en juger par lui-même. Un peu plus loin se trouve l'hôtel de la Grotte, dont le site est aussi des plus pittoresque. Nous nous plaisons à reproduire ici la description qui a été faite par M. Maury, maire de Royat :

« Figurez-vous une épaisse coulée de lave
» qu'aurait immobilisée soudain la baguette
» d'une fée et s'élevant en monticule couvert de
» berceaux fleuris, entre deux ravins où murmu-
» rent deux ruisseaux limpides ; de là on voit se
» succéder d'admirables effets de lumière, le
» matin et le soir. »

Laissez-moi contempler aux splendeurs du matin
De ces beaux horizons le vaporeux lointain.
A l'heure où la Limagne humide de rosée
S'éveille en se voilant d'une teinte rosée

Ou bien, lorsqu'elle change, aux rayons du soleil,
Sa plaine d'émeraude en un lac de vermeil ;
Ou le soir quand des monts s'étend le voile sombre,
Quand le jour lentement recule devant l'ombre
Vers les sommets lointains, barrières du Forez
Qui comme des rideaux de pourpre colorés,
Déroulent dans l'azur l'or de leurs draperies
Et festonnent le ciel de riches broderies.

On repasse le pont pour reprendre la route qui conduit à Royat. Ce bourg est bâti dans une gorge entre deux montagnes, sur un courant de lave où la végétation s'est fait jour. Ses maisons, ses moulins, ses fabriques, sont superposées les unes sur les autres, à partir du bord du ruisseau. Il faut traverser le village pour se rendre sur la place où est l'église, que nous engageons de visiter ; elle est du style romano-byzantin, elle date du sixième siècle, ainsi que le monastère qui y est annexé; son clocher a été renversé en 1793 et relevé en 1850, il y a une chapelle souterraine. Ecoutons M. P. Mérimée :

« Cette église est terminée carrément à l'est, sans
» abside ; dans l'origine, la nef (et probablement
» toute l'église), fut bâtie de la manière la plus
» simple, et je pense que les gros murs avec
» leurs pilastres carrés, terminés par un tailloir
» sans chapiteau, tels que ceux de la nef et du

» transept, remontent à une époque très-reculée
» du moyen-âge ; dans le onzième siècle, une
» réparation eut lieu, et c'est alors que l'on con-
» struisit ou que l'on refit à neuf la crypte prati-
» quée sous le chœur, divisée par deux rangs de
» colonnes byzantines. Toute l'église fut fortifiée
» par des machicoulis jetés d'un contrefort à
» l'autre ; en même temps on refit les voûtes, et
» probablement on sculpta les roses guillochées
» du transept et du mur oriental. »

En sortant de l'église on remarque sur la place
une croix gothique taillée dans la lave, sur
laquelle sont sculptés les douze Apôtres. Elle a été
érigée en l'an 1486 par Et. Iveyt ; le vandalisme
révolutionnaire la fit abattre, elle fut recueillie
par un ami des arts et cachée dans une grange
d'où on la sortit plus tard pour l'ériger où elle est.

De la place on descend dans la vallée par un
sentier cahotant et peu large qui se trouve à droite
de l'église ; le bruit des eaux, des moulins, des
usines, indique au voyageur le chemin qui doit
le conduire vers la grotte, qui est placée comme
par enchantement sous un courant de lave, où la
nature s'est fait jour et d'où sortent de si belles
eaux, que l'âme est ravie et extasiée à la vue de
cette grotte si célèbre, qui a été chantée par des
milliers de poètes, et peinte sur la toile par les

plus illustres pinceaux! L'illusion est complète,
on se croit transporté dans le palais de quelques
naïades ; reposez-vous sur le bord du ruisseau
pour contempler tant de beautés, et vous écrier
avec tant d'autres contemplateurs : Qui a pu
former un semblable phénomène?...

L'ouverture de cette grotte est à l'aspect du
nord. Le rocher qui la couvre est de 26 à 22 mètres d'épaisseur ; sa largeur est de 8 m. 66 c.; sa
profondeur de 11 mètres, sa hauteur de 3 mètres ; la voûte est une lave poreuse. Sept jets
d'une eau limpide et intarissable s'élancent continuellement du fond de cette grotte dans un
lavoir. Il est peu de sites aussi pittoresques, et
peut-être n'en existe-t-il pas qui réunissent tant
de merveilles dans un si petit espace. Tout y est
beau dans cette gorge, où l'on ne voit que de la
verdure, des cascades ondoyantes et des paysages
toujours variés. De tous les côtés sur les roches
environnantes, des inscriptions en plusieurs langues. On croirait que les troubadours sont venus
dans ces lieux pour confier à ces rochers solitaires
couverts de mousse l'expression de leur amour.
Trois siècles n'ont pu effacer l'inscription de
Gabriel Simeoni, dont voici la traduction :

« Aux muses, aux génies, aux nymphes de Royat, dont les eaux
« S'épanchent avec grâce pour la mémoire de son nom. »

Quelques-unes de ces inscriptions sont en anglais; elles appartiennent à un nommé *OEuf la Loubière*, ancien inspecteur des écoles primaires.

L'eau qui alimente Clermont vient de cette grotte.

La première cession, faite par le seigneur de Royat, date de 1511, et la seconde de 1661. Pierre Guichon, ingénieur de Liége, en entreprit la conduite. Gabriel Siméoni, fameux ingénieur de Florence, en donna le devis. Delarbre dit : Il s'a-
» gissait de percer une énorme masse de basalte
» très-dur dans une longueur de vingt-trois
» toises; il fallait creuser dans l'intérieur de ce
» rocher, un passage couvert, haut de cinq pieds,
» large de quatre. Cette excavation fut commen-
» cée en 1515 et achevée en 1558. Ce travail
» exigea plus de 40 ans. »

Veut-on monter sous les châtaigniers que l'on voit du pont? Il faut traverser le ruisseau vulgairement appelé Tiretaine ou Scatéon, et prendre le petit sentier en face de la grotte. C'est là que le voyageur goûtera un véritable repos; tout y éblouit; c'est là que la nymphe de Royat, entourée de sa brillante cour, lui dira : « Vois sous
» tes pieds les fleurs qu'arrose ce clair ruisseau;
» vois ces papillons voltiger de fleurs en fleurs !

» O mortel, dans ces lieux touffus ta pensée con-
» fondra ta pensée ! »

Après avoir considéré tant de merveilles de la
nature, le voyageur voudra s'éloigner ; mais avant
qu'il lise les inscriptions que chaque étranger
s'est plu à graver dans toutes les langues sur les
rochers épars qui ornent tous ces lieux pittoresques, ainsi que sur les écorces des arbres qui
font de ce lieu un véritable Éden.

De Royat à Fontanas en suivant la valée,

3 kilomètres.

Nous pensons être agréable aux voyageurs
amis de la poésie en leur donnant la belle description de ces lieux champêtres qui a été faite
par le poète Raymond, qui devrait être appelé à
juste titre le poète de la vallée de Royat.

C'est toi qui la reçus, abri mystérieux,
Grotte heureuse, aujourd'hui berceau de nos fontaines,
C'est toi qui fis couler le calme dans ses veines ;
Ta pierre s'amollit, tu te couvris de fleurs
Pour adoucir sa peine et charmer ses douleurs.

Aux chants de mille oiseaux la vierge se réveille,
Et c'est encor l'amour qui parle à son oreille.
Triomphe, heureux vallon ! tu fis sa sûreté,
Tu recevras le prix de l'hospitalité ;

Elle veut t'enrichir, te combler sans mesure
Des biens et des attraits épars dans la nature ;
Elle veut que ces bords disent au voyageur
Que d'une enchanteresse ils ont fait le bonheur.
D'abord pour consacrer la grotte hospitalière,
Un éternel bienfait va couler de sa pierre.
Dix fois d'un doigt magique elle parle au rocher ;
Le trait n'est pas plus prompt sous le doigt de l'archer ;
L'eau jaillit à grands flots, dix sources écumantes
S'échappent en grondant de leurs prisons béantes,
Et d'un bruit si nouveau le pâtre stupéfait
Frémit d'abord, s'approche, et bénit le bienfait.

Qui dirait les trésors apportés par ses ondes,
Les rouages criant sous leurs chutes fécondes,
Les grains qui par la meule à grand bruit écrasés,
Vont rendre la vigueur aux mortels épuisés?
Les prés sont abreuvés, la campagne est fleurie :
La riche agriculture entretient l'industrie.
De l'orge et du houblon s'arrogeant les vertus,
L'eau va rivaliser la liqueur de Bacchus ;
Ici la noix pressée éclaire ou nourrit l'homme ;
Là le pauvre ravit son breuvage à la pomme ;
Là naissent des feuillets qui prendront une voix
Pour défendre les mœurs, la liberté, les lois.

Suivons, suivons des yeux la baguette enchantée ;
La dette des bons cœurs n'est jamais acquittée.
Elle effleure le sable, il y naît un berceau,
Le granit le plus dur enfante un arbrisseau,

De nuance en nuance, et d'étage en étage,
Partout brille sa grâce ou sa fierté sauvage.
Le châtaignier pompeux lance au ciel ses rameaux,
Et le pampre enrichit et pare les coteaux.
Tu naquis sous ses pas, joli mont des Chambrettes (1) !
C'est elle qui forma ces cellules discrètes
Où, viennent amoureux, poètes et buveurs,
D'un tendre enivrement savourer les douceurs.
Vieux chênes, votre gui bientôt vous fera honte ;
Tombez, cédez la place aux fruits de Cérasonte.
Vous restez, noirs débris des volcans destructeurs,
Des désastres passés nous aimons les horreurs,
Et l'homme, ami secret du trouble et du ravage,
Jusque dans ses plaisirs en recherche l'image.

Que vous dirai-je, enfin ? Ce fortuné concours
D'accidents, ce combat des ombres et des jours,
Ces rochers suspendus sur l'amant qui soupire,
Ce séduisant gazon qui rit à son délire,
Ces eaux qui dans leur fuite emportent ses serments,
Ces fruits vers lui penchés pour rafraîchir ses sens,
Ces aspects tour à tour inspirant la folie,
La terreur, ou la joie, ou la mélancolie.. ..
Voilà son grand ouvrage ; elle a déguisé l'art
Si bien que l'œil s'y trompe et rend grâce au hasard.

Et de la fée au loin les grâces se répandent,
Aux besoins des cités ses bontés condescendent.

(1) C'est le nom local de cette belle colline.

Fier d'avoir étonné l'audace des Romains,
L'Auvergnat relevait sa ville et ses destins
Dans un site enchanteur et sous des cieux prospères
Qui lui prodiguaient tout, hors les eaux salutaires.
Les vieillards à Royat marchent en suppliants.
L'indulgente beauté sourit aux cheveux blancs :
Leurs vœux sont exaucés, de son urne féconde
Partent, emprisonnés, les trésors de son onde ;
Elle les suit de l'œil, sa gracieuse main
A travers les rochers leur indique un chemin,
Et de loin leur montrant le but qui les appelle :
« Courez, légères eaux, vers la cité nouvelle,
Portez de mon pouvoir, comme de ma bonté,
L'éclatant témoignage à la postérité. »

De Royat à Fontanas par la vallée.

Le voyageur ne doit pas s'attendre à trouver
une grande route pour se diriger sur Fontanas,
le chemin est à mi-côte des châtaigniers; à peine
est-il fréquenté par les voitures rurales du pays.
Cependant, depuis quelques années, il est mieux
entretenu, aussi nos voitures de place se chargent d'y conduire. Mais si l'on veut jouir d'une
variété de tableaux qui se présente à chaque instant, il faut se décider à faire ce trajet à pied.
Ce chemin cotoie le ruisseau dans toute sa longueur; des deux côtés sont plantés des marron-
niers magnifiques, des coudriers, des bois-taillis,

des frênes; dans le bas, ce sont des prairies, des vergers, de frais gazons qui animent cette vallée qui fait l'admiration de tous les étrangers qui la visitent. A peine parvenu à la montagne des Roches, le ruisseau coulera continuellement à gauche (1) (si c'est un dimanche) et guidera les pas du voyageur, par son doux murmure, jusqu'à Fontanas. A mesure que l'on monte, Royat disparaît au milieu de la verdure, pour le revoir bientôt sous les pieds, et sous un autre aspect. Le ruisseau forme à chaque pas de petites cascades; d'intervalle en intervalle, ce sont des tertres toujours verts, qui semblent inviter l'étranger à s'asseoir sur ces monts de verdure pour contempler toutes les merveilles qui se montrent à ses yeux. A droite du chemin, il existe une roche inculte où croît à peine le genêt : on y voit encore un reste d'aqueduc, construit, dit-on, par les Romains, et détruit en 76. Il est taillé dans le roc, il paraît et disparaît dans différents endroits; il avait été creusé, dit-on, pour conduire les eaux dans l'ancien château qui existait sur la montagne de Châtel ou grenier de César, dont on a parlé; d'autres disent pour alimenter les fontaines de Clermont-Ferrand. Écoutons M. Lecoq :

(1) Ce jour là est réservé pour arroser les prairies.

« Il est peu de vallées qui présentent autant de
» fraîcheur que celle-ci, et qui soient situées
» dans une aussi belle position. Une pelouse unie
» et couverte de fleurs en tapisse les flancs ; des
» arbres fruitiers répandent partout leur om-
» brage, et le bois que l'on aperçoit au loin sur
» le versant opposé, descend jusque sur les bords
» du ruisseau, qui disparaît sous son feuillage ;
» quelques rochers nus s'élancent au milieu des
» arbres et forment la crête des montagnes. Le
» volcan de Gravenoire élève sa cime brûlée au-
» dessus de la verdure, et les châtaigniers fleuris
» qui ceignent sa base en forme de ceinture om-
» bragent encore le village de Royat, qui paraît
» au loin à une grande profondeur ; la vallée
» s'ouvre alors dans la Limagne, souvent cou-
» verte de vapeurs qui lui donnent l'aspect
» d'une mer éloignée. »

Entrée de Fontanas.

A l'entrée du village, on aperçoit le ruisseau
qui se divise. Une partie coule par la vallée de
Villars ; et l'autre, semblant accorder ses faveurs à
sa terre natale, et beaucoup plus abondante, arrose
les prairies émaillées du beau vallon de Royat,
où préside Pomone avec toute sa cour.

Le voyageur visitera de Fontanas les belles sources : la première est la fontaine du Canard ou du Canal : elle sort près d'un chemin, sur le bord d'une prairie, qu'elle arrose de ses eaux limpides et abondantes. Ces mêmes eaux alimentaient l'aqueduc dont on a déjà parlé. La deuxième s'appelle la fontaine des Eaux, parce qu'elle sort de trois endroits différents. La troisième est la fontaine de Fifi, nom d'un des anciens propriétaires; elle est aussi très-abondante.

La quatrième est la fontaine du Cor, ainsi appelée à cause d'un cor qui a été adapté pour la faire jaillir dans un réservoir. De cette dernière, on se rendra à la Font-de-l'Arbre, village assez mal bâti, pour y visiter la fontaine de Chez-Pierrat, parfaitement située pour désaltérer le voyageur qui vient explorer ces lieux; elle abreuve les troupeaux qui paissent dans les environs. Toutes ces eaux diverses se réunissent et forment le ruisseau de Fontanas. Le nom de ces sources est celui qu'on leur donne dans le pays.

Quel repentir n'aurait-on pas, si l'on revenait

De Fontanas au puy de Dôme

2 kilomètres.

sur ses pas sans pousser son excursion sur le puy de Dôme, vu le peu de distance qu'il y a

pour s'y rendre? A une portée de fusil de Fontanas et de la Font-de-l'Arbre, on trouve une plaine ;
au fur et à mesure que l'on s'avance on découvre
le puy de Dôme, qui apparaît en forme pyramidale avec ses gigantesques voisins, groupés autour
de lui comme pour le soutenir.

L'on y monte par deux chemins, l'un au midi,
l'autre au nord ; les villageois voisins appellent
celui du midi Besassa et celui du nord Gravouse,
sans doute à cause de son sable graveleux.

Ces deux voies obliquent en zigzag sur le penchant de la montagne, l'on peut aussi y monter
à cheval. La difficulté que l'on éprouve dans ce
chemin est dédommagée par la diversité des
sites qui se rencontrent en montant ; ce sont des
sentiers le plus souvent bordés de fleurs, dont les
formes et les couleurs variées en relèvent l'éclat ;
des rochers qui représentent de loin différents
objets, par leur extérieur et par leur couleur ;
partout ce n'est qu'un tapis de la verdure la plus
éblouissante.

Le minéralogiste et le botaniste trouveront à
chaque pas de quoi leur faire oublier les fati-
gues du voyage. Arrivé au sommet, il dira avec
Jean-Jacques Rousseau :

» L'air des hautes montagnes et plus pur et
» subtil, on se sent plus de facilité à la respira-

» tion, plus de légérèté dans le corps et plus de
» sérénité dans l'esprit ; les plaisirs y sont moins
» ardents, les passions plus modérées ; les médi-
» tations y prennent un air grand, sublime, pro-
» portionné aux objets qui nous frappent ; il
» semble qu'en s'élevant au-dessus du séjour des
» hommes, on y laisse tous les sentiments bas et
» terrestres, et qu'à mesure qu'on approche des
» régions éthérées, l'âme contracte quelque
» chose de leur inaltérable pureté. »

L'émotion que l'on éprouve au haut du puy
de Dôme se calme bientôt à la vue du magni-
figue théâtre qui se présente au regard. De ce
majestueux observatoire l'on aperçoit les départements de la Marche, du Limousin ; au sud, la
chaîne des monts Dômes, celle des monts Dores,
le lac d'Aydat ; à l'est le bassin de la Limagne et
de la Haute-Loire ; plus loin, les montagnes du
Forez. Dans la plaine de riantes collines, des.
campagnes traversées par des routes bordées.
d'arbres, arrosées par des rivières et des ruisseaux, des villes, des hameaux, de vieux châteaux. Telle est la vue du puy de Dôme, montagne célèbre en Europe par les expériences qu'y
fit faire Pascal en 1648, réitérées en 1739 par
MM. Cassini et Monier, sur la pesanteur de l'air et
pour déterminer la hauteur des montagnes. On

y voit encore quelque débris d'une antique chapelle qui existait en 1648. Elle était dédiée à saint
Barnabé et dépendait du prieuré de Saint-Robert,
à Montferrand. Elle existait, dit-on, lors des
expériences de Pascal et de Périer. Sa hauteur
au-dessus du niveau de la mer est de 1468 mètres.

En descendant, la montagne voisine montre
une excavation en forme d'entonnoir, et très-
profonde ; il paraît qu'elle a été un cratère. On
lui a donné le nom de Nid-de-la-Poule. Sa profondeur est de 89 mètres, sa hauteur au-dessus du
niveau de la mer est de 1268 mètres ; c'est une
masse de scories.

Il ne faut point quitter ces lieux sans voir le
puy de Pariou, une des montagnes les plus intéressantes de l'Auvergne, ainsi que le puy des
Goules, le Grand-Sarcouy, les puys de Lantgy, des
Gouttes, de Chopine, de Coquille et de Jumes.

Sur ces montagnes se trouvent le hêtre, le cou-
drier, le sureau à grappes, la viorne, le rosier
sauvage et l'airelle qui y vient en abondance.
Au-dessus du bois c'est la bruyère, le houx qui
couvrent le rocher presque jusqu'au sommet du
petit Puy-de-Dôme. Nous ne donnons pas ici la
nomenclature de toutes les plantes que l'on y
trouve. Nous engageons le botaniste à consulter à

ce sujet la *Flore d'Auvergne* de M. Delarbre et
celle de M. Lecoq; le minéralogiste, l'ouvrage de
M. de Monflosier, *Essais sur la théorie des volcans en Auvergne*, et autres ouvrages.

Le voyageur peut aussi entreprendre la course
du puy de Dôme par la barrière de Fontgiève, à
pied, s'il veut mieux contempler le panorama qui
se présente le long de la route. Ce chemin est
rapide; à droite et à gauche ce sont des jardins
et des vignes, le puy de Dôme qui paraît et disparaît jusqu'à la Baraque, où il se montre en
entier. On arrive bientôt à la hauteur du village
de Durthol qu'il faut visiter ; il est curieux par
son site. En suivant la route on laissera à droite
le bois qui appartient au village. Si l'on prend le
chemin de traverse, on arrive au plateau de Pru-
delles ; plus on monte, plus le pays paraît sauvage. Les vignes sont à vos pieds, et l'air frais que
l'on respire indique que l'on a quitté la plaine.
Sur les bords de la route on remarquera des
colonnades de basalte qui sont exploitées pour
l'entretien des chemins. De là qu'on admire la
riche plaine de la Limagne, les villes de Clermont
et de Montferrand qui se confondent; l'Allier, qui
paraît et disparaît au milieu des moissons ondoyantes et des arbres qui couvrent la plaine.
L'œil peut voyager en peu de temps de la Lima-

gne au Bourbonnais, jusqu'aux montagnes de la Loire, qui terminent ce tableau.

Lorsque le temps est favorable, les chaînes du Forez, la ville de Thiers et un grand nombre de villages et d'usines se distinguent. A chaque pas la vue est variée. Bientôt on arrive à la Baraque, hameau bâti sur la lave et composé entièrement d'auberges où le voyageur trouvera dans la belle saison tout le confortable nécessaire pour entreprendre l'ascension du puy de Dôme.

Deux routes se présentent: l'une à gauche, qui conduit au Mont-Dore et dans la Corrèze : l'autre à droite, à Pontgibaud et dans la Creuse. Ces deux voies peuvent se suivre indistinctement pour visiter le groupe des montagnes qui entourent le puy de Dôme.

Si l'on a peu de temps pour explorer ces lieux, il est préférable de prendre la route de Pontgibaud pour voir d'abord le cratère de Pariou d'où l'on ira plus facilement sur le puy de Dôme.

Retour à Clermont.

Nous ne saurions assez engager le voyageur de repasser pour descendre à Clermont par la vallée de Fontanas, qui ne lui paraîtra plus la même qu'à la montée. La déesse de ces lieux serait

jalouse si l'on quittait ses charmants parages sans
lui accorder cette douce faveur.

Que l'on descende au milieu des prés fleuris;
le ruisseau servira de guide jusqu'à la grotte.
A mesure que l'on marche, un air plus doux
succède à l'air vif de la montagne d'où l'on vient;
là ce ne sont plus des rochers stériles qui se présentent à la vue : c'est un nouveau séjour ; c'est
un Eden qui éblouit l'œil et remplit l'âme d'i-
vresse, qui invite le poète et le peintre à venir
admirer tant de beautés, à venir voir couler ce
tortueux et limpide ruisseau, tantôt frappant le
flanc d'un rocher, tantôt coulant à travers cette
prairie ombragée d'arbres fruitiers, paraissant et
disparaissant pour se montrer toujours plus splen-
dide et aller tomber en cascades par mille jets
devant cette grotte séjour des naïades. En suivant la vallée on arrive directement à Royat, où
l'on trouvera réunis le confortable et les plaisirs
de la campagne !....

A la sortie de l'hôtel il faut reprendre la route ;
le paysage se développe toujours sous des aspects
différents si l'on prend la voie que nous indi-
quons. Arrivé au regard de Lusseau, en face de
l'hôtel Ganne et Neuville, deux chemins se présentent pour se rendre à Clermont : la grande
route et le chemin des Roches. Dans ce dernier,

à droite, que de stations ne fera-t-on pas pour
contempler les sites qui s'offrent aux regards le
long du chemin ! Par là on arrive, à travers les
vignes, à la maison du Grand-Séminaire, qui est
des plus agréablement situées.

Arrêtez-vous sur le seuil de la porte d'entrée,
pour admirer un panorama digne des meilleurs
pinceaux. C'est Clermont avec ses édifices gothiques : à droite, le puy de Crouël ; plus loin, les
coteaux qui bordent l'Allier, les riches vignobles
de Chanturgue et de Montjuzet, qui se prolon-
gent jusqu'à Durthol ; à la gauche, ce sont les
côtes arides de Villars, et dans le bas, les plus
riches jardins potagers de l'Auvergne. En suivant
ce chemin, l'on arrive à la porte d'entrée des
Galoubis, charmante maison de plaisance des
mieux situées ; ce même chemin aboutit aux
Salins. A droite, se déroulent les charmants
coteaux des vignes de Vallières, où s'élèvent de
toutes parts une foule de petites tonnes. Sur la
route se voit une école de natation (Tivoli) dont le
bassin est alimenté par le ruisseau ; quelques
arbres forment une allée jusqu'aux premières
maisons de Clermont.

Arrivé à la barrière de Jaude, il faut se désaltérer à la fontaine d'eaux minérales appelées Eaux
minérales de Jaude. Les personnes atteintes de

chlorose, d'anémie, d'embarras gastriques, de leucorrhées atoniques et de phlegmasies chroniques et invétérées de l'urètre et de la vessie, peuvent se traiter avec succès en buvant ces eaux. *(Consulter.)*

Hors la barrière, il y a d'autres sources d'eaux minérales dont la vertu est à peu près semblable à celles de Jaude.

Si, au contraire, on descend par Saint-Mart, on viendra reprendre l'ancienne route que l'on a parcourue à la sortie de Chamalières. A partir de là, le voyageur suivra, à gauche de la route, en descendant à Clermont, le beau verger de M. Lacelle, qui se prolonge jusqu'à la brasserie Enjelvin. Du même côté est encore une autre école de natation qui se trouve dans la propriété de Beaurepaire, appartenant à la famille de Féligonde : visitez en passant ces restes de féodalité. Il y a des fabriques de pointes et d'ouate qui y sont annexées. A droite du chemin, se trouvent les eaux minérales des Roches, qui attirent, dans la belle saison, un grand nombre de buveurs. Une grille de fer en ferme l'entrée. Ces eaux ont à peu près la même vertu que celles de Jaude. Du même côté se fait remarquer le château des Galoubis, belle exposition. Le voyageur reviendra prendre la grande route. La Poudrière se trouve à peu de distance des eaux ; elle est entourée d'un mur garni de meurtrières. La chapelle, qui sert d'entrepôt pour la poudre, était dédiée autrefois à Notre-Dame-de-Beaurepaire, et plus tard à saint Fiacre, patron des jardiniers.

Que l'on contemple de ce chemin les belles maisons de campagne qui se trouvent sur le territoire des Roches ; elles forment un amphithéâtre magnifique.

Arrivé à Clermont, on pourra visiter, en passant à l'entrée de Jaude, le jardin des Salles fermé par une grille qui sert de barrière. On y voit encore une habitation dont une partie des murs est très-ancienne ; la façade du nord-ouest présente un genre de mosaïque assez bien conservé. Cet endroit se nomme le château des Sarrazins. Il a appartenu à la maison de Lafayette.

EAUX MINÉRALES DE CLERMONT.

« Les eaux minérales de Clermont sont disséminées dans les quartiers de Jaude, de Sainte-Claire et de Saint-Alyre. Elles ne diffèrent entre elles que par leur température et par la quantité variable de fer qu'elles tiennent en dissolution.

« Elles ont couvert de leurs immenses dépôts

» toute la partie de la ville qui est comprise entre
» le quartier de Jaude et la partie du ruisseau de
» Tiretaine qui longe le faubourg Saint-Alyre.
» Sur certains points, les calcaires travertins ont
» formé au-dessus de ce cours d'eau des ponts
» naturels qui attirent depuis bien des années les
» voyageurs et les naturalistes ; ils ont été visités
» par des têtes couronnées.

Sources de Jaude.

« La source la plus ancienne est placée près de
» la petite barrière de Jaude, sous un hangar ;
» elle est citée dans l'ouvrage de Jean Banc. Son
» eau est acidule, alcaline, saline et ferrugineuse;
» sa température ne dépasse pas 22° centi-
» grades. On l'emploie pour combattre les chlo-
» roses, les débilités de l'estomac, la dyspepsie
» et les phlegmasies chroniques des organes uri-
» naires.

» Les propriétés physiques, chimiques et mé-
» dicinales sont à peu près les mêmes que celles
» de l'ancienne source. La saveur de l'eau miné-
» rale est un peu plus bitumineuse.

Source du Puits Artésien.

« A l'ouest et à quelques mètres de la source
» du puits artésien, existe un grand bassin, ap-

» partenant à M. Palet, rempli d'eau minérale
» dont la température est de 27 à 28°. Elevé à
» l'aide d'une pompe, ce liquide pourrait ali-
» menter une piscine de natation dont l'utilité
» sera comprise de tout le monde.

Source du Champ-des-Pauvres.

» Elle est enfermée dans une maison apparte-
» nant à la famille Chauvel. Elle n'est point uti-
» lisée.

Sources de Sainte-Claire et de Saint-Alyre.

» Plusieurs des sources de ce quartier ne sont
» point employées ; telles sont celles de Font-
» giève, de l'enclos de la Garde et de la rue des
» Chats.
» D'autres sont conduites dans les cabinets à
» incrustation de la grotte du Pérou, et dans ceux
» de Saint-Alyre. Ces sources sont celles de
» Sainte-Claire, de Saint-Arthème et la grande
» source incrustante.
» Enfin, l'une des ramifications de la grande
» source incrustante se rend dans le petit établis-
» sement thermal de M. Clémentel.
» Les fontaines de Sainte-Claire, les sources de

» Saint-Alyre et leurs dépôts, signalés dans la
» *Gallia Christiana*, dans le *Mundus subterra-*
» *neus* de Kirchber, dans le *Dictionnaire de la*
» *Martinière*, dans le *Dictionnaire de la France,*
» par d'Expilly, ont été citées avec quelques dé-
» tails dans les ouvrages de Belleforest et Legrand
» d'Aussy.

» MM. Lecoq, Girardin et Nivet ont successive-
» ment étudié la compositison de plusieurs des
» eaux minérales que nous venons de citer, et
» M. Lefort a publié en 1863 un travail sur les
» sources de Clermont.

Établissement de Saint-Alyre.

» Il est alimenté par une dérivation de la
» grande source incrustante, dont la température
» est de 24° centigrades ; il se compose de dix-
» neuf cabinets, qui contiennent une ou deux
» baignoires, et de deux douches descendantes.

» Une partie de l'eau minérale est réchauffée
» à l'aide d'une machine à vapeur.

« Les bains de Saint-Alyre sont prescrits aux
» convalescents, aux chlorotiques, aux personnes
» rachitiques, faibles et d'une constitution molle
» ou scrofuleuse, à celles qui ont des tumeurs
» blanches et des engorgements consécutifs aux
» fractures, aux entorses et aux luxations. »

CURIOSITÉS DES ENVIRONS DE CLERMONT-FERRAND

ITINÉRAIRE

De Gergovia par Beaumont, Ceyrat, Mont-Rognon et Romagnat.

Sept kilomètres.

On prend, tant à pied qu'en voiture, la nouvelle route de Bordeaux, vers la rue Gonod, à l'extrémité de la place de Jaude, pour se rendre à Beaumont. Situé au milieu des vignes et bâti sur une coulée de lave, ce gracieux village avait autrefois un couvent de Bénédictins, dont la chapelle sert aujourd'hui d'église paroissiale. Sa fête, qui est le lundi de Pâques, attire les villageois d'alentour. Ce jour-là, les laitières qui se rendent à Clermont tous les jours pour y vendre leur lait, se métamorphosent pour ainsi dire; on ne les reconnaît plus : leurs nippes des jours sont remplacées par les robes de soie, les manteaux de velours et les valenciennes. La population de cette bourgade est laborieuse, son commerce consiste en vin. Sa population est de 1505 habitants.

A la sortie de Beaumont, il faut descendre par un sentier bordé de majestueux noyers, dans un charmant ravin où coule le ruisseau de l'Artière.

A l'extrémité de ce vallon s'aperçoit le village de Ceyrat au milieu de la verdure. Son nouveau pont construit sur la route, est remarquable par sa hardiesse et sa position. Au-dessus de Ceyrat l'on prend un sentier très-pierreux qui mène par une montée pénible aux ruines de l'antique château de Mont-Rognon, dont on voit la silhouette se dessiner à partir de la colline.

Du sommet quel beau point de vue ! Dans la vallée, c'est Ceyrat, la route de Clermont au Mont-Dore, Gravenoire, le puy de Dôme, la montagne et le plateau de Gergovia, Romagnat, Aubière et Clermont. La montagne de Mont-Rognon a la forme d'un pain de sucre ; ses débris consistent en une tour écroulée que le temps ruine chaque jour. Ce château, dit-on, fut construit à la fin du douzième siècle par *Robert*, premier dauphin d'Auvergne; il passa plus tard dans la maison de Bourbon ; Catherine de Médicis le possédait en 1554 ; Louis XIII en ordonna la démolition en 1634.

De Mont-Rognon il faut descendre à Romagnat, dont la population de 2,000 habitants commerce en vin. Ce village est entouré de beaux jardins et de belles plantations d'arbres. De Clermont à Romagnat il y a une bonne route qui a été réparée à l'occasion du voyage de l'empereur

Napoléon III en Auvergne, qui a voulu visiter le plateau de Gergovia, où nous allons conduire notre voyageur.

A la sortie de Romagnat, deux chemins se présentent, l'un à gauche pour les piétons et l'autre à droite pour les voitures, où a passé l'Empereur, le 9 juillet 1862, Celui de gauche est très-rapide mais agréable ; il est bordé par des vignes et de belles prairies, ombragé de distance en distance par de magnifiques cerisiers, dont les fruits pourront tenter quelquefois le voyageur exténué de fatigue et mourant de soif, ce qui l'exposera à entendre les propriétaires se fâcher, crier, menacer, sans cependant aller plus loin. Les habitants de ces pays sont laborieux, assez bienveillants pour l'étranger, mais avares, si ce n'est pour le vin, qu'ils ont à profusion dans leurs caves.

Les deux chemins que nous venons d'indiquer sont très-pittoresques, ce qui fait que l'on arrive sur le plateau sans s'en apercevoir. A l'aspect du panorama qui se déroule de tout côté, le cœur tressaillera en songeant que l'on se trouve sur le champ de bataille si célèbre dans les *Commentaires de César*, où les tribus gauloises ont versé leur sang pour défendre leur liberté, et dans l'enthousiasme on s'écriera : O Gergovia ! que de

siècles se sont écoulés depuis que Vercingétorix
repoussa si vaillamment César de tes remparts !
Que sont devenus tes monuments gigantesques,
tes palais, tes temples, tes créneaux, tes maisons?..
Quoi! des monceaux de pierres épars sur cette montagne sont les seuls débris et les seuls souvenirs
de ta noble et riche cité ! La charrue y a remplacé
la lance de tes ancêtres ; ainsi ont disparu du
globe bien d'autres cités dont l'emplacement seul
est resté à l'histoire ; ainsi disparaît tous les jours
le genre humain !...

Eloignez ces tristes rêveries pour vous livrer à
la contemplation du beau paysage qui se présente
aux regards. Au sud Merdogne, la Roche-
Blanche, Chanonat, Jussat. Plus bas, la vallée de
l'Auzon, sur le point opposé le village du Crest, à
gauche l'Allier qui serpente à travers les prairies,
et les hameaux qui semblent ne former qu'une
ville ; toujours à l'est, une foule de montagnes
qui dérobent la ville d'Ambert et le Forez ; vers
le nord, les marécages de Sarliève, le village
d'Aubière ; Clermont-Ferrand avec ses clochers
enrichit ce tableau ; dans la plaine Bourdon avec
ses hautes cheminées semblables à des cierges.
La ville de Riom, Châteaugay avec son manoir
gothique ; à droite, la plaine de la Limagne avec
ses routes de Paris, de Lyon et le chemin de fer

à longs rubans ; à gauche, le puy de Dôme montre sa tête altière au milieu d'autres petites montagnes à formes bizarres ; au midi, on voit Romagnat, Beaumont, le pic de Mont-Rognon avec son ancienne forteresse ; enfin les chaînes du Mont-Dore qui se perdent dans les nuages : tel est le panorama du plateau de Gergovia.

En 1765 on y fit des fouilles dans différents endroits ; on y trouva des fondements, des caves, des morceaux de marbre, des fers de lance, des armes, des fragments de poterie antique, des médailles en or et en argent ; depuis lors on en a fait d'autres ; les dernières ont eu lieu en 1861 et 1862 sous l'administration de M. de Preissac, préfet du Puy-de-Dôme, et de M. Auclerc, agent voyer. Ces dernières fouilles ont produit de bons résultats.

Le minéralogiste et le botaniste trouveront sur le plateau de quoi enrichir leurs collections. Pour avoir en détail la description de ces lieux, nous engageons le voyageur à consulter d'abord le grand ouvrage de S. M. l'empereur Napoléon III intitulé *Histoire de César*, l'*Histoire de Gergovia et de Vercingétorix*, et d'autres ouvrages par M. Mathieu, ex-professeur au Lycée, ainsi que celui du capitaine Girard sur Vercingétorix, et une foule d'autres qui traitent de ces lieux.

4

Le voyageur , le touriste s'écriera avec M. Mathieu : « A vous enfants de l'Auvergne , à vous
» l'honneur d'inaugurer une statue équestre au
» roi de la Gaule centrale, au vainqueur de
» César. » Puisse ce projet se réaliser bientôt! Il
sera accueilli, non-seulement par toute l'Auvergne, mais aussi par la France entière.

Le pays ne doit-il pas aussi placer près de
Vercingétorix une colonne ou une statue pour
rappeler à la postérité qu'en 1862, le 9 juillet,
Napoléon III est venu sur ce plateau pour l'explorer et le décrire dans sa *Vie de César*.

PROMENADE

De Clermont à Saint-Vincent, à Nohanent, à Durthol, Sayat, Blanzat, Cebazat, et Châteaugay.

Le jour commençait à paraître, déjà quelques
rayons précurseurs du soleil s'échappaient au-dessus des vastes et hautes montagnes du Forez
et ondoyant sans les éclairer sur les belles vallées
de la Limagne , allaient frapper directement la
grande montagne qu'a illustrée Pascal ; tandis que
sa base et les montagnes voisines dérobaient
encore leur forme et leur verdure sous une teinte
bleue presque noire. Ces rayons reflétaient sur
lès plateaux sublimes.....

Nous ne pouvions, mon ami et moi, nous lasser de contempler le tableau vraiment curieux que nous offrait alors l'ensemble du paysage que nous avions sous les yeux en le considérant avec des yeux d'artistes et de poètes ; le puy de Dôme nous apparaissait dans ce moment comme un guerrier informe et gigantesque, le corps enveloppé d'un vaste manteau bleu et la tête couverte d'un casque d'or tout rayonnant.

Cette vision commençait à s'emparer de plus en plus de nous, et nous allions céder au désir de la peindre et de la décrire, lorsque soudain le soleil, s'élevant encore au-dessus de l'horizon, fit cesser le prodige en l'éclairant, et, en nous tirant de nos rêveries poétiques, nous rappela que nous étions sortis de la ville dans l'intention de faire une promenade à Saint-Vincent. Cinq heures venaient de sonner lorsque nous étions à la première baraque sur la route du puy de Dôme. Nous prîmes le chemin à droite, qui nous conduisit directement à Durthol, placé au milieu d'un vallon planté de bois de haute futaie.

Ce village, nous dit-on, est le rendez-vous de la bourgeoisie de Clermont, surtout dans la belle saison d'été (les jours de dimanche). L'air y est pur et agréable; les maisons y sont petites et malpropres, néanmoins on y trouve de bon lait,

Nous quittâmes Durthol à dix heures du matin
pour nous rendre à Nohanent, village célèbre par
ses belles sources, qui font la fortune de ses habitants, tous occupés au blanchissage ; aussi y voit-
on de jolies petites maisons bien tenues.

Sayat est à 4 kilomètres environ de Nohanent.
Nous nous y rendîmes pour y voir de belles
fabriques d'étoffes ; tous ses environs sont bien
boisés et plaisent à l'étranger qui les parcourt.
A une heure, nous laissâmes Nohanent et Sayat
pour prendre le vallon qui conduit à Saint-Vincent ; à mesure que nous descendions, le tableau
devenait plus attrayant. Enfin nous arrivâmes
dans cette charmante bourgade ; mais, hélas ! que
de changements depuis plusieurs années que
nous n'étions venu la visiter ! Ce ne sont plus ces
sources bouillonnantes en cent endroits à la fois,
ces cascades naturelles, toutes ces eaux vagabon-
des, qui semblaient naître sous nos pas, s'échap-
pant des roches sourcilleuses , se précipitant en
blanchissant d'écume et courant fertiliser les
prairies d'alentour ! Non, ce ne sont plus ces
arbres, ces frais bosquets , dont les masses et la
verdure nous offraient à la fois leur fraîcheur et
leur ombrage... Ce n'est plus ce beau Saint-
Vincent ! La hache des Vandales a mutilé les
arbres majestueux, coupé , arraché les bosquets.

La bande noire a passé dans ces lieux ravissants.

A la place de ces fabriques toutes rustiques qui faisaient les délices du touriste, s'est élevée comme par enchantement une belle et vaste fabrique de papiers alimentée par des sources abondantes et limpides. Cette fabrique appartient à M. Jarry ; à côté sont celles de la maison Daubrée, où l'on manipule le caoutchouc.

Les merveilles de la nature seront donc remplacées à l'avenir par celles de l'industrie ; c'est au moins une consolation pour les arts, auxquels on enlève chaque jour quelque chose de leur domaine. C'en est une surtout pour nous, qui voudrions toujours que notre belle France gagnât au centuple d'un côté ce qu'elle perd d'un autre. Courage donc, vous Auvergnats qui l'aimez comme nous, cette patrie, et qui voulez sa gloire, son bonheur et sa richesse ! Courage ! vous avez tout ici pour réussir. Rien sur le sol d'Auvergne ne manque : cours d'eau, cascades, bois, enfin tout le matériel pour établir dans vos vallées les plus belles usines du monde ; votre pays fait des envieux.....

Après quelques heures de repos dans une auberge où nous trouvâmes de quoi nous lester l'estomac, nous prîmes à la sortie du village le petit chemin bordé de belles prairies qui conduit à Cebazat, caché au milieu de beaux jardins et de la verdure. Ce village est dans un site ravissant; il avait, dit-on, des remparts, un château fortifié et des barrières crénelées; il a été assiégé par les Ligueurs et les protestants. Son église est très-ancienne, elle appartenait à un chapitre composé d'un doyen et de onze chanoines. Dans son cimetière, près l'église, on remarque un petit bâtiment qui était autrefois une lanterne des morts.

De Cebazat nous grimpâmes au milieu des vignes à Châteaugay perché sur une côte couverte de vignes. Le village jouit de tous les côtés d'une vue admirable sur toute la Limagne. Son château, de forme carrée, est encore des mieux conservés. Le chancelier de Giac le fit bâtir en 1381 et donna cette terre pour douaire à sa femme Marguerite Campandu. Plus tard la seigneurie de Châteaugay passa dans la maison de la Queuille par le mariage de Louise de Giac, dernière fille du chambellan, avec Jacques de la Queuille, dont la famille la posséda jusqu'à la Révolution.

Cette bourgade fait le commerce de vin; l'air y est pur; aussi y voit-on beaucoup d'enfants en nourrice. Les hommes y sont robustes et les femmes d'un bon sang.

Pour revenir à Clermont nous vînmes prendre la voiture à la Maison-Blanche, qui est sur la route de Riom.

ITINÉRAIRE

Par Herbet, le puy de Crouël, puy de la Poix, Bourdon, Lempdes, Pont-du-Château, Chignat, Beauregard-l'Évêque, Lezoux, Thiers, Ambert, et Billom.

On descendra par la rue des Jacobins pour aller prendre la route de Lyon. En la suivant, on arrive au chemin de fer, que l'on traverse. A peu de distance, dans le bas de la côte, à droite, se trouve Herbet, hameau composé de quelques maisons, où l'on voit encore des ruines d'une église romane et d'une ancienne maladrerie ; plus loin, sur le bord de la route se fait remarquer le puy de Crouel ; à gauche, le puy de la Poix, d'où découle en été une quantité de bitume. On voit sur ce dernier pic un menhir. En suivant la route jusqu'au croisement du chemin de fer de Bourdon, on en aperçoit les sucreries et les raffineries de sucre ; tout près est le chemin qui conduit à Lempdes, dont la population est de 1,728 habitants (commerce en vins, betteraves). A la sortie de cette bourgade, il faut revenir prendre la grande route qui est bordée de noyers jusqu'à Pont-du-Château à 18 kilomètres de Clermont. Sa population est de 3,000 âmes environ. Il est bâti sur une colline qui domine l'Allier, la vue de la place est un vrai panorama, Louis-le-Gros s'en empara en 1363. Cette petite ville ne renferme rien de curieux, si ce n'est les ruines de son château de Canillac et son église romane de Sainte-Martine, qui est située sur un monticule; sa position est gracieuse.

En descendant sur l'Allier on y traversera un pont de sept arches; à un kilomètre de là est une maison de campagne, à gauche; c'est Chignat, célèbre par sa foire qui se tient dans les champs, le 9 septembre; c'est une foire d'amusements où il se fait beaucoup de commerce. Près de Chignat, on remarque Beauregard-l'Évêque, dont la population est de 1,635 habitants. Le plateau sur lequel il est bâti domine toute la Limagne. Son église a de belles boiseries et un maître autel orné de bas-reliefs très-remarquables. On y voit aussi les restes assez bien conservés de l'ancien château des évêques de Clermont, bâti par Charles de Bourbon dans le quinzième siècle; où mourut Massillon en 1742. Des terrasses du château on compte onze villes et quatre-vingt-dix villages ou hameaux. A quelques kilomètres de Beauregard on a sur la route Lezoux, 3,800 habitants. On y voit encore les ruines des châteaux de Fontenille et de Ligonne. Dans les environs, de nombreuses fabriques de poterie commune de façon antique. En suivant toujours la route de Lyon on arrive à Thiers, chef-lieu d'arrondissement, 15,908 habitants. C'est une des villes les plus pittoresques et les plus industrieuses de France ; elle est bâtie sur un amphithéâtre très-escarpé qui se prolonge jusqu'à la Durolle, encaissée entre des rochers couverts de lierres, qui alimente dans son cours tortueux des milliers d'usines. Les maisons sont pêle-mêle les unes sur les autres ; aussi se croirait-on encore dans une ville du moyen-âge. Les artistes en paysages se plaisent à y venir chaque année pour enrichir leurs albums. Thiers a été incendié en 532 par Thierry, fils de Clovis. Saint Avit, évêque de Clermont, y construisit en 580 une nouvelle église sur le tombeau de saint Genès, qui, dit-on, avait été martyrisé en ce lieu.

L'histoire de Thiers et de ses environs est très-intéressante ; mais elle sort des bornes de cet ouvrage. On laisse ce soin à des écrivains plus érudits ; nous nous contenterons donc de faire les citations des lieux à visiter.

Les restes d'un vieux château-fort, le cimetière, ses nombreuses usines, papeteries, coutelleries,

4.

ses vallons attrayants, l'église de Saint-Genès, l'église du Moutier, et celle de Saint-Jean ; que les amateurs d'antiquités n'oublient point de visiter la place de Piroux, où sont de vieilles maisons en bois, la terrasse du Rempart, pour sa belle vue.

La place aux Arbres, dont le paysage s'étend sur la gorge de la Durolle, le rocher de la Margeride, les chutes de la rivière, en un mot tout est beau aux environs de Thiers et mérite d'être parcouru avec soin, sans oublier la gorge du Trou-de l'Enfer et les belles cascatelles, rendez-vous des peintres célèbres de la France.

Les armes de la ville sont : de gueules au navire d'argent aux voiles déployées, voguant sur des ondes d'azur ombrées d'argent.

Itinéraire de Billom.

Si le voyageur désire visiter Billom, qu'il prenne en face de l'auberge de Chignat la route qui y conduit directement. Cette ville, dont la population est de 3,730 habitants, est mal percée ; c'est une des plus antiques cités de l'Auvergne. Il faut y voir l'église de Saint-Cerneuf, qui est très-ancienne : on fait remonter sa construction au temps de Charlemagne. Un des plus anciens colléges fondé par les Jésuites. Cette ville a perdu tous les titres qu'elle possédait et n'est plus maintenant qu'une bourgade malpropre. Près de Billom on voit un grand nombre de vieux châteaux, entre autres celui de Mauzun.

Les armes de Billom sont : d'azur à un portail de ville d'argent placé entre deux tours crénelées du même, celle du flanc dextre plus grande que l'autre, et trois fleurs de lis d'or en chef.

Itinéraire de Thiers à Ambert,

56 kilomètres.

En quittant Thiers, la première ville que l'on rencontre, c'est Courpière, dont la population est de 3,763 habitants. Elle est placée sur la Dore ; ses environs sont charmants. Son commerce consiste en passementerie, rubans, camelot, poterie de grès, etc.

Sur la route, Olliergues, 2,500 habitants. L'on y voit encore un vieux château ayant appartenu à la maison de la Tour-d'Auvergne et les ruines d'un vieux pont.

Ambert, chef-lieu d'arrondissement, à 55 kilomètres de Clermont, 7,661 habitants. Ce pays abonde en papeteries, fabriques importantes de dentelles et de mercerie, étamines pour pavillons de la marine, jarretières, serges. L'église de Saint-Jean avec son clocher se voit de loin. N'oubliez

pas d'aller voir Pierre-sur-Haute, montagne à
peu de distance d'Ambert, d'où l'on voit, dit-on les
Alpes. (Avis aux crédules.) Néanmoins nous devons
dire avec la vérité que l'on jouit du sommet de
cette montagne d'un des plus beaux points de
vue.

ITINÉRAIRE

De Pontgibaud par Riom, Mozat, Tournoël, Enval, et Volvic.

Riom, sous-préfecture, à 14 kil. de Clermont,
population 10,808 habitants. Cette ville est coupée
par de larges rues et très-bien percée ; de beaux
boulevards mal entretenus bordés de platanes,
font le tour de la ville ; elle est restée longtemps
la rivale de Clermont. Aujourd'hui même c'est la
seconde ville de l'Auvergne. Confisquée par Phi-
lippe-Auguste elle en devint la capitale sous les
ducs de Bourbon et de Berry, qui en firent leur
résidence. Depuis un temps immémorial Riom
a été célèbre par ses tribunaux. Parmi ses anciens
magistrats, elle peut citer : Arnaud, Etienne Pascal, Daguesseau, Laubespin ; parmi les écrivains
et les littérateurs de nos jours, Chabrol et de
Barante. Ses principaux édifices sont : l'église de

Saint-Amable, qui offre un spécimen de tous les genres d'architecture ; on vient de refaire son clocher et sa porte d'entrée.

Notre-Dame du Marthuret appartient au style ogival primitif ; elle fut reconstruite au quinzième siècle. Son clocher date de 1676. Le portail est du quinzième siècle. On y voit une sainte Vierge en pierre noire qui est l'objet du culte du pays. L'intérieur est orné de beaux vitraux et d'un tableau précieux, l'*Entrée du Christ à Jérusalem* La Sainte-Chapelle, où sont les archives, date du quinzieme siècle, bâtie par Jean, duc de Berry. Elle est couronnée d'une galerie à jour. Cet édifice est attenant au Palais de Justice.

La tour de l'horloge, du seizième siècle, est octogone et décorée de belles sculptures ; il est fâcheux qu'elle soit couronnée d'un dôme moderne et peu avenant. On voit encore dans la ville de Riom grand nombre de maisons qui datent du quinzième et du seizième siècle. Dans la rue du Palais, une maison de la Renaissance, dite la maison des Consuls. Elle est ornée des armes de la famille ducale de Bourbon.

Enfin la ville de Riom possède un hôpital, un hospice des incurables, un hospice des aliénés, une maison centrale, de belles promenades, une colonne érigée en l'honneur de Desaix, un aque-

duc qui mène les eaux de Volvic dans un château-
d'eau , d'où elles sont distribuées dans la ville.
Son commerce consiste en fruits, pâtes d'abricots
et blés.

Les armes de la ville sont : d'azur à deux fleurs
de lis d'or mises en chef, et un R de même en
pointe.

Mozat , à 1 kilomètre de Riom. On y voit une
des plus anciennes églises de l'Auvergne; tout
près, des manufactures. Dans les environs, à 7 kilomètres de Riom , les belles pétrifications de
Gimeaux, ainsi que l'établissement thermal de
Rouzat, dont les eaux ont de grandes propriétés
thérapeutiques.

Chatelguyon-les-Bains, à 7 kilomètres, 1,722
habitants. Bâti sur une élévation , ce village était
défendu par un château-fort dont les Ligueurs
s'emparèrent en 1590. Depuis il a été détruit.
Les eaux minérales sont réparties entre deux établissements thermaux qui appartiennent à différents propriétaires , MM. Brosson et Barse. On les
emploie en boissons, bains et douches; elles sont
excitantes, toniques, apéritives et reconstituantes.

Le château de Tournoël, sur la route de Volvic,
est un reste de ruines féodales; le donjon et quelques-unes de ses tours sont assez bien conservés.
De la plate-forme on jouit d'une superbe vue qui

s'étend sur toute la Limagne. Charles d'Apchon en était le gouverneur et le défendit en 1590 contre les Ligueurs. Il périt dans une sortie. Ce château fut de nouveau assiégé en 1594.

Le village d'Enval est à peu de distance de Tournoël ; sa sauvage vallée mérite de fixer l'attention des minéralogistes et des dessinateurs.

Volvic, à 5 kilomètres de Riom, 3,800 habitants, est bâti sur la lave. En 670, saint Priest, évêque de Clermont, y fut assassiné. Son église appartient au style roman, elle est garnie de créneaux. Le chœur est revêtu de mosaïques. Dans la ville, on remarque grand nombre de fontaines très-bien sculptées qui ont été faites par les ouvriers du pays, élèves de l'école d'architecture qui a été fondée à Volvic par M. de Chabrol. On aperçoit de loin, sur le sommet du puy de la Banière qui domine Volvic, une statue colossale de la Vierge, toute en pierre du pays. De Riom à Pontgibaud, 25 kilomètres.

A la sortie de Volvic la route s'élève sur la coulée des laves et va passer à la base du puy de la Nugère ; elle passe entre le puy de Tressoux à droite et le puy de Louchadière à gauche, et au sud, jusqu'à la vallée de la Sioule. Pontgibaud, dont la population est de 1,087 habitants, possède un vieux château et des mines de plomb argentifère qui sont richement exploitées. Près Pontgibaud, à Chavanon, on voit une grande fonderie. Les environs abondent en minéraux, aussi nous ne saurions assez engager le minéralogiste à visiter tous ces lieux riches en minerai.

ITINÉRAIRE

D'Issoire, en passant par la Baraque, Laschamp, Randanne, Aydat, le puy de Baladoux, le Mont-Dore, la Bourboule, le pic de Sancy, Valcivière, le lac Pavin, Besse, Saint-Victor, Murol, Saint-Nectaire, Chambon, Montaigut, Champeix, Issoire.

Cet itinéraire ne convient qu'aux touristes et surtout aux minéralogistes.

De Clermont, pour suivre l'itinéraire indiqué, se présentent plusieurs chemins tous aussi pittoresques les uns que les autres. L'étranger pourra donc choisir avec nous celui que nous traçons ici.

Route du puy de Dôme, dont la description a été faite ailleurs ; un peu plus loin que la Baraque on quitte la route pour traverser Laschamp, hameau de 300 habitants. Ce bourg est dominé par le puy du même nom ; on laisse à gauche Beaune, à droite le puy de Mercœur, que l'on traverse ainsi que le puy de la Vache ; on arrive à Randanne, petit bourg, sur un plateau qui était jadis désert et qui, grâce aux soins du comte de Montlosier, a été transformé en belle maison de campagne et en belles prairies. Le comte de Montlosier mort en **1838** repose dans une petite chapelle gothique qu'il avait eu soin de faire construire et ériger sur ce sol naguère inculte. Son fils, mort en **1854**, y a été aussi déposé. Il faut explorer le pays pour y admirer les désordres volcaniques que l'on voit de tous les côtés dans ces vastes vallons.

De Randanne que l'on se rende à Aydat en longeant le puy de Vichatel et celui de Charmont. De là on gagne le lac d'Aydat, dont la surface est de **825** hectares, **4** kilomètres de tour. Profondeur de **20** à **30** mètres. Ce lac doit sa création à un courant de lave ; près du côté septentrional on remarque un petit îlot que l'on nomme île de Sant-Sidoine. On lit dans différents ouvrages qu'en effet la maison de campagne de saint Sidoine-Apollinaire, qu'il appelait Avitacum, était située dans ces parages. D'autres disent qu'elle était sur les bords du lac Chambon. Un très-beau chemin conduit du lac à Aydat, dont la population est de **1,500** habitants. Il est sur les deux rives de la Veyre, situé merveilleusement. Dans l'église se voit un tombeau qui porte l'inscription suivante : *Hic sunt duo in no centes* et †

S. Sidoine. Dans le village, des restes d'une maison de Templiers. En quittant Aydat on revient à Randanne, que l'on traverse pour aller rejoindre la route nouvelle de Clermont au Mont-Dore par Ceyrat ; cette nouvelle route suit le vallon et passe aux pieds des puys de la Taupe, de Boursoux, de Combegrasse et de l'Enfer. Près de ce dernier on remarque un lac qui est connu sous le nom de Narse d'Espinasse, nom d'une baraque située à 1 kilomètre du puy de l'Enfer.

De ces montagnes, on peut admirer les monts Dores, à gauche, le puy de Baladou ; à droite, le sommet du puy de l'Aiguillier. Bientôt on arrive à la Croix-Morand, à 1,513 mètres d'élévation et au Puy de la Tache, 1,536 mètres. Plus loin on rejoint la nouvelle route de Clermont par le lac de Guéry. A partir de là la route est très-rapide jusqu'au Mont-Dore, mais le vallon qu'elle suit est pittoresque et plaît beaucoup.

CURIOSITÉS DU MONT-DORE ET DE SES ENVIRONS.

Du Mont-Dore au Capucin : 3 kilomètres.
Du Mont-Dore à Vassivière : 12 kilomètres.

Le Mont-Dore est situé dans une vallée toute pittoresque, entourée de montagnes riches en minéraux et en plantes médicinales.

La saison des eaux commence ordinairement le 15 juin.

Ses sites variés et pittoresques, sa richesse en zoologie, en botanique, en minéraux, y attire chaque année une foule de touristes, de naturalistes et de peintres. La Dordogne, qui prend sa source au nord du pic de Sancy, coule près de l'établissement thermal, et parcourt ce beau pays, qu'elle arrose jusqu'aux confins du département du Puy-de-Dôme.

Cette vallée est couronnée de plateaux couverts de beaux pâturages ; plus bas, ce sont des sapins, des frênes, des noisetiers, etc.; sur le bord de la rivière, des prairies naturelles de la plus riche production. Plus loin on aperçoit des coulées volcaniques d'où jaillissent des milliers de cascades que l'étranger sera curieux de visiter.

Les sources d'eaux thermales sont au nombre de sept.

La fontaine Sainte-Marguerite, la source du Tambour, tout près l'une de l'autre, sont froides ; la fontaine Caroline, le bain de César, marquent 45 degrés au thermomètre centigrade ; le Grand-Bain ou bain de Saint-Jean, de 39 à 42 degrés ; les bains Ramond, qui ont été trouvés parmi les décombres des anciens bains romains, 42 degrés ; la source Rigny, nom de M. de Rigny, ancien

préfet du Puy-de-Dôme, et la source Sainte-Mag-
deleine, 45 degrés.

Les eaux du Mont-Dore sont prescrites aux
personnes atteintes de la poitrine, de douleurs
rhumatismales, d'engorgements du foie ou de
l'utérus, de paralysie nerveuse et autres maladies.
Les malades ne s'administreront ces eaux, soit en
boissons, soit en bains, qu'après avoir consulté le
médecin de l'établissement.

Le Mont-Dore possède un grand nombre d'hôtels. L'étranger visitera le village, l'établissement
thermal (construction parfaitement en harmonie
avec la sévérité du climat), les beaux restes du
temple romain appelé le Panthéon, la vallée du
Mont-Dore, la grande cascade, le ravin des Egra-
vats, le roc de Cuzeau, la vallée de la Cour, la
gorge des Enfers, la Dore et la Dordogne, leur
cascade, le salon de Mirabeau, le Capucin, le plateau du Rigolet avec ses scieries, les cascades de
Queureilhe, du Rossignolet, de la Vernière, la
roche du Siége ou laroche Vendeix, le hameau
de la Bourboule (1), la roche Sanadoire, et

(1) Ce village est connu par ses eaux thermales depuis les Romains;
depuis peu on y a construit des hôtels, qui peuvent loger un assez grand
nombre de buveur d'eau. Les sources de la Bourboule sont au nombre de
sept : le Grand-Bain, la Source Nouvelle, le Bagnasson, la Source du Coin,
la Source des Fièvres, la Source du Communal, et la Source de la
Rotonde; les paralysies qui ne se guérissent pas au Mont-Dore, peuvent
l'être à la Bourboule.

la roche Tuilière, le lac de Guéry, le pic de Sancy (point le plus élevé du centre de la France ; il a 1889 mètres au-dessus du niveau de l'Océan.) Dé l'autre côté du pic, la chapelle de Vassivière qui date de 1515, le lac de Chauvet et ses forêts, les lacs de Chambedaz, de Moussinière, d'Estivadou, de la Godivelle (ancien cratère), la montagne de Brion (un jour de foire); le lac de la Bourboule, le lac Pavin (des plus curieux), le creux de Soucy et le cratère de Montchalme.

Le voyageur, en descendant de visiter ces montagnes, s'arrêtera à Besse, chef-lieu de canton, 1,016 habitants. Bâti en amphithéâtre sur le penchant d'un vallon basaltique, dont la base est baignée par la Couze, abondante en truites ; le long de cette rivière on voit de charmantes cascades. Les montagnes qui avoisinent Besse sont des pâturages garnis de fromageries dont les produits font la fortune du pays. La ville est triste et mal percée, néanmoins commerçante. On y voit des maisons du moyen-âge. L'église se compose d'une nef et de bas-côtés étroits, avec huit chapelles latérales; elle est d'un style roman ; les colonnes sont décorées de belles sculptures, son clocher est octogonal. A la sortie de Besse pour aller au lac Pavin on remarque la tour du Beffroi.

De Besse à Murol il faut avoir recours aux habitants du pays pour en demander le chemin. Murol, 752 habitants. Une partie du village est bâtie en amphithéâtre, les maisons forment des étages superposés. La Couze a creusé son lit dans la pierre volcanique ; tout ici est champêtre. Ecoutons le récit suivant sur le château :

« Le château de Murol, dit Mme Georges Sand (*Le marquis de Villemer*), ruine magnifique plantée sur un dyke formidable, au pied d'un pic qui de temps immémorial porte le nom de Tartaret ; le château de Murols, labyrinthe colossal, est une des plus hautaines forteresses de la féodalité. Vue du dehors, c'est une masse prismatique qui se soude au rocher par une base homogène, c'est-à-dire hérissée de blocs bruts que des mains de géants semblent avoir jetés au hasard dans la maçonnerie. Tout le reste est bâti en laves taillées, et ce qui reste des voûtes est en scories légères et solides. Ces belles ruines de l'Auvergne et du Velay sont des plus imposantes qu'il y ait au monde. Sombres et rougeâtres comme le dyke dont leurs matériaux sont sortis, elles ne font qu'un avec ses redoutables supports, et cette unité de couleur, jointe quelquefois à une similitude de formes, leur donne l'aspect d'une dimension invraisemblable. Jetées dans des paysages grandioses qui hérissent en mille endroits des accidents analogues, et qui dominent des montagnes élevées, elles y tiennent une place qui étonne la vue et y dessinent des silhouettes terribles qui rendent plus frappantes les teintes fraîches et vaporeuses des herbages et des bouquets environnants.

» A l'intérieur, le château de Murols est d'une étendue et d'une complication fantastiques. Ce ne sont que passages hardis, franchissant des brèches de rochers à donner le vertige, petites et grandes salles, les unes gisant en partie sur les herbes des préaux, les autres s'élevant dans les airs sans escaliers qui s'y rattachent; tourelles et poternes échelonnées en zigzag jusque sur la déclivité du monticule qui porte le dyke; portes richement fleuronnées d'armoiries et à moitié ensevelies dans les décombres; logis élégants de la Renaissance cachés avec leurs petites cours mystérieuses, dans les vastes flancs de l'édifice féodal, et tout cela brisé, disloqué, mais luxuriant de plantes sauvages aux aromes pénétrants, et dominant un pays qui trouve encore moyen d'être adorable de végétation, tout en restant bizarre de forme et âpre de caractère, »

A la sortie de Murol, dont la population est de 752 habitants, on a une forêt de hêtres; dans ce

pays le sol est couvert entièrement de scories fer-
rugineuses, qui ont été jadis vomies par les érup-
tions volcaniques. A mi-côte les pins majestueux
remplacent les hêtres. Du sommet de cette
montagne, dont la hauteur est de 962 mètres
le panorama est ravissant; il s'étend de la Couze
au lac Chambon, qui paraît au loin comme une
immense glace immobile. De l'autre côté c'est le
château de Murol, dont le site le plus majestueux
fait l'admiration, non-seulement des paysagistes
mais des archéologues. Il faut à peine un quart
d'heure pour descendre du Tartaret au lac Chambon formé par la Couze; les bords de ce lac sont
semblables à ceux du lac Pavin; il est bordé de
riantes prairies. « La beauté de ce site et la pré-
sence des îles, dit M. Lecoq, ont fait supposer
avec raison que l'habitation de Sidoine Apollinaire était sur le lac Chambon plutôt qu'aux environs d'Aydat. » De l'endroit où la Couze se
jette dans le lac il faut vingt minutes à peine
pour arriver au village de Chambon, dont la
population est de 1,000 habitants. Bâti aux pieds
des montagnes, au confluent de la Couze et du
ruisseau de Surain, on voit dans ce village une
église et un baptistère qui datent du douzième
siècle (du style roman), classés au nombre des
monuments historiques. On ne doit point quitter

ces belles et riantes montagnes sans avoir visité la cascade du ressaut de ruisseau que l'on voit en remontant la Couze, sans oublier la vallée de Chaudefour. Il est impossible de décrire ces lieux, aussi nous ne l'entreprenons point. Nous laissons ce loisir à des plumes plus exercées que la nôtre : nous nous contenterons de dire que ces lieux peuvent être assimilés aux plus beaux sites de la Suisse.

De Chambon à Saint-Nectaire, dont la population est de 1,420 habitants, le chemin est très-accidenté, ce qui fait que les heures s'écoulent si vite que l'étranger ne s'aperçoit pas du temps qu'il passe à contempler tous les sites qu'il rencontre le long de la route.

Saint-Nectaire s'appelait, dit-on, autrefois *Cornador*. Dans les environs, grand nombre de monuments druidiques à visiter, des débris d'un château féodal que l'on distingue encore sur le mont Cornador, une église (monument historique) qui date du onzième siècle, entourée de profonds précipices. Sa longueur est de 38 mètres, sa largeur de 11 mètres ; son élévation de 21 mètres. 98 colonnes ou colonnettes soutiennent la voûte, les chapiteaux remontent au moyen âge. Sur les colonnes du chœur est représentée la Passion de Jésus-Christ. Cette église est un reste

d'antiquité qui mérite d'être vu. Saint-Nectaire
est situé entre deux montagnes. Il y a Saint-Nectaire d'en haut et Saint-Nectaire d'en bas. Cha-
cun d'eux a ses sources pour des maladies diffé-
rentes. La principale source est celle de Mandon;
après elle viennent la grande source du mont
Cornador, la grande source de Boëtte, la source
Pauline, la petite source Boëtte et la source Rouge.
Toutes ces eaux sont favorables dans un grand
nombre de maladies chroniques, parmi lesquelles
figurent les rhumatismes, les paralysies, la gra-
velle, les leucorrhées. (Consulter avant d'user de
ces eaux.)

Dans le voisinage de Saint-Nectaire on voit des
rochers nus et très-accidentés qui forment des
colonnades naturelles où sont deux dolmens. Les
environs sont pour le touriste les plus belles ex-
cursions qu'il puisse faire dans le département
du Puy-de-Dôme. A 4 kilomètres de Saint-Nectaire d'en haut, que l'on visite la cascade des
Granges, la plus belle et la plus pittoresque de
l'Auvergne. Les grottes de Jaunas, village qui, au
ouï-dire des habitants du pays, avait été creusé
dans le tuf volcanique.

A la sortie de Saint-Nectaire il faut prendre la
route qui va à Champeix; en passant que l'on
explore la grotte de Saillans, nom d'un petit

hameau de 220 habitants. De là on arrive bientôt dans la commune de Montaigut-le-Blanc, 220 habitants (source minérale). Les vignes commencent à paraître sur les collines; le village est bâti sur un amphithéâtre très escarpé, son vieux château-fort est encore assez bien conservé, ainsi que son église de style roman. La route est bordée d'une belle allée d'arbres qui conduit à Champeix; elle est dominée de tous les côtés par d'immenses rochers que l'on laisse pour arriver à cette dernière ville, dont la population est de 1,800 habitants. Bâti dans une des plus belles positions, arrosé par la Couze, son église romane, les ruines d'un château-fort et un pont sur la Couze d'Ardes sont les seules curiosités du pays. A la sortie de Champeix une belle vallée étale toutes ses grâces et cache pour ainsi dire le long du chemin une quantité de petits villages plus ou moins curieux à visiter : Saint-Vincent, Saint-Cirgues, Meilhaud, Chidrac sur les bords de la Couze, Pardine, qui fut presque détruit par un éboulement en 1737; Perrier remarquable par des rochers percés d'un grand nombre d'étages, des grottes où l'on a découvert des ossements fossiles; plusieurs de ces grottes sont encore habitées par les gens du pays. A l'ouest du village se dresse la tour de Mauriforlet, que l'on peut visiter en passant par un esca-

lier taillé dans le rocher. Que le voyageur explore
attentivement cette commune avant de descendre
dans la plaine.

Issoire, 5,740 habitants, ville ancienne, qui
possédait une prévôté; aujourd'hui chef-lieu d'un
arrondissement, agréablement située à 50 kil. de
Clermont, au milieu du beau bassin de la Limagne.

Issoire existait lors de l'invasion romaine; on
l'appelait *Issiodorum*. Saint Austremoine, premier apôtre d'Auvergne, y mourut dans le troisième siècle. Cette ville a eu à souffrir de grandes
calamités. Au cinquième siècle pillée par les Vandales et les Visigoths, lors des guerres de religion
elle a été aussi saccagée; en 1574, le capitaine
Merle la fit rançonner, deux ans après on la céda aux
huguenots comme ville de sûreté. Merle, quelques
années après, vint encore l'assiéger et s'y fortifier;
il en fut chassé par les troupes catholiques sous
la conduite de Monsieur, frère du roi, plus tard
Henri III. (*Voir l'Histoire de l'Eglise d'Auvergne*,
en vente à la librairie Duchier, rue Saint-Esprit,
à Clermont).

Issoire est dans la partie la plus fertile de l'Auvergne; son église (monument historique) est
digne de l'attention de l'archéologue. Son commerce consiste en grains, bestiaux, huile de noix,
fromages de la montagne.

Issoire est le berceau de la famille Duprat.

Les armes de la ville sont : d'azur à la lettre capitale Y d'or couronnée de même, la queue étroite et recourbée en rond par le bas.

Lieux remarquables à visiter le long de la route d'Issoire à Clermont-Ferrand : la tour de Boulade, Saint-Yvoine et sa vieille tour; au sud de ce village, la Ribeyre, Sauvagnat, Yronde, dans ses bois, l'abbaye du Bouchet dont la chapelle servait de sépulture aux comtes et aux comtesses d'Auvergne; Coudes, Montpeiroux, Pàrent, auprès les ruines du château-fort de Buron; Vic-le-Comte, et les Martres de Veyre, la Roche Noire, château féodal, basalte remarquable; Mirefleurs, le plateau de Gondole, où selon les historiens César établit son camp lors du siége de Gergovia ; Tallende, Saint-Amand, le petit Orcet, pays natal du conventionnel Couton; Merdogne, église romane, appelé actuellement Gergovie.

Le château de Sarlièvе, maintenant une fabrique de sucre; Aubière, nouvelle église.

BLANDA
ou
LA GROTTE DE ROYAT

I

Il est un vieux récit, jeune dans sa pensée,
Légende en mon berceau par ma mère bercée.
Ce souvenir pieux si j'ose le conter,
Notre siècle sans foi voudra-t-il écouter?

Saint Prix allait jadis aux champs de l'Arvernie
Répandant du salut la semence bénie.
Les malades suivaient, et guéris de leurs maux,
Jetaient sur son chemin des fleurs et des rameaux.

Sur le Scatéon s'ouvre une grotte écartée,
Sombre et par le druide autrefois habitée.
Là, solitaire, un jour l'apôtre se rendit.
Une femme y priait: aveugle, elle tendit
Ses suppliantes mains, en s'écriant: — Mon père,
Ayez pitié de moi, vous en qui seul j'espère!

— Ma fille, ce qu'ici vous venez demander,
Répond-il, à vos vœux Dieu le veuille accorder!

— Mon·père, pardonnez, si ce vœu vous étonne,
Dieu m'amène du fond de la terre bretonne.
Bergère dès l'enfance, aux rives de la mer,
Je gardais mes troupeaux broutant le saule amer.

Près du bord un rocher s'allonge dans l'espace
Où l'épervier des mers se pose quand il passe;
Promontoire orageux dont j'osais m'approcher,
Lorsque je vis sortir des fentes du rocher
La tête d'un vieillard, pieux anachorète
Qu'au monde y dérobait une grotte secrète.

Là, soit que l'Océan, comme une glace uni,
Sans limites des cieux réfléchît l'infini,
Soit qu'il vînt, en voyant sa borne infranchissable,
Gronder et se briser contre des grains de sable
Le solitaire en paix priait de ce haut lieu,
Se plaisant à bénir les ouvrages de Dieu.
Parfois il descendait, et le long des rivages
Allait sur les buissons cueillant des fruits sauvages.

Quand je connus l'abord de l'austère séjour,
Je vins y partager mon pain de chaque jour.
Le saint vieillard de l'âme et de sa destinée
Me parlait; et bientôt sur ma tête inclinée
Versa l'onde en ton nom, divine Trinité,
Comme un royaume d'or m'ouvrant l'éternité!

Des corsaires normands ravageaient la contrée,
De ce pieux asile ils découvrent l'entrée;
Ils courent, des chrétiens ardents persécuteurs;
C'est à qui de la roche atteindra les hauteurs.
Ils montent sans pitié l'ermite, de la cime
Précipité par eux, dans le fond de l'abîme
Tombe; du sein des flots remonte un dernier cri:
Blanda, soyez toujours fidèle à Jésus-Christ!

Voilà qu'à ce saint nom la troupe forcenée,
Blasphème; contre moi sa fureur s'est tournée
Se joue à déchirer ma face et, m'aveuglant,
Me verse dans les yeux un liquide brûlant ;
Puis, satisfaite enfin, sa rage m'abandonne.

Les barbares ! que Dieu comme moi leur pardonne !
Seule, aveugle, j'errais, lorsque, m'apparaissant,
Le martyr couronné d'un nimbe éblouissant,
Me dit : — Allez, Blanda ! que l'espoir vous soutienne.
Il est dans l'Arvernie une terre chrétienne,
Séjour d'un peuple élu dont Prix est le pasteur,
Prix avant tous de Dieu glorieux serviteur.
Vous serez parvenue en sa terre lointaine,
Quand du pied des volcans une fraîche fontaine
A sa voix jaillira dans un autre écarté,
Et cette onde à vos yeux doit rendre la clarté.

Je partis, et longtemps j'aurais erré sans doute,
Si mon ange gardien ne m'eût guidée en route.
Etrangère, par lui, ma houlette à la main,
Mon père, jusqu'ici j'ai trouvé mon chemin.

Blanda dit, et touché de cette foi naïve,
Le saint prêtre sourit, et cherchant une eau vive
Sous des rocs calcinés, par un signe de croix
De la grotte bénit les arides parois.
Il frappe, l'eau jaillit, et de son doigt humide
Effleurant de Blanda la paupière timide,
Il lève au ciel les yeux et prie, et dit : — Voyez !
Qu'il vous soit fait, ma fille, ainsi que vous croyez !

Et, ces mots dits à peine, ô prodige! ô merveille!
Soudain, beau comme à l'heure où l'aube nous réveille,
Le regard de la vierge a retrouvé le jour,
Elle voit... étonnée, un étrange séjour :

C'est un palais de lave inscruté de scories,
Tapissé de lichens et de mousses fleuries ;
Un palais tout orné d'arabesques d'azur,
De pourpre, serpentant sous un plafond obscur
Où scintillent, dans l'ombre, étoiles irisées,
Comme des diamants, de limpides rosées.
L'œil y suit des dessins, mosaïques de fleurs,
Dont la flamme en jouant maria les couleurs.
Là, festons inégaux, des capillaires pendent
De la verte coupole où des eaux se répandent.
Ici l'on croirait voir, dans un prisme changeant,
Des filets s'allonger en colonnes d'argent ;
Là naître et lentement s'arrondir sous les voûtes
Des perles de cristal qui pleuvent, larges gouttes.
Sur un fond d'émeraude un transparent rideau,
Mobile, se déploie en blanches nappes d'eau,
Et par le rocher noir l'écume partagée
Glisse, tombe et murmure en cascade étagée.

Portique menaçant sur le seuil suspendu,
Le basalte surplombe en lourds prismes fendu,
La ronce, le sureau, l'aubépine et le lierre
Parent d'un vert fronton la grotte hospitalière,
Qui s'ouvre sur un val de fleurs tout parfumé,
Entre d'arides monts frais Eden enfermé,

5.

Blanda regarde, admire un pays qui l'enchante,
Puis en hymne pieux sa voix éclate et chante :

« Soyez béni, Seigneur, vous qui m'avez rendu
Le spectacle du jour si doux que j'ai perdu,
    Victime de cruels outrages !
Mon Dieu, de vous louer si je n'ai le pouvoir,
Lorsque vous me donnez la grâce de les voir,
    Soyez loué par vos ouvrages !

» Par ce riant vallon du rossignol aimé,
Où le regard s'oublie et contemple, charmé,
    Le Scatéon aux beaux rivages !
A quels sites heureux seriez-vous comparés,
Lieux que de tous ses dons la nature a parés,
    Bords pittoresques et sauvages !

» Ruisseau limpide, grotte où je vois du rocher
L'onde à flots cristallins jaillir et s'épancher,
    En intarissables cascades ;
Rive ombreuse, coteaux de vignes couronnés,
Vergers dont les pommiers sous les fruits inclinés
    Joignent les branches en arcades ;

» Monts ombragés de pins et de vieux châtaigniers
Qui chargent de senteurs les souffles printaniers,
    Rougis de bruyères rampantes,
Où la prairie au flanc des volcans assoupis
Se joue à déployer l'émail des verts tapis
    Qui se déroulent sur vos pentes ;

» Ouvrez-moi vos sentiers d'airelles parsemés,
Bordés de genêts d'or et de thym parfumés,
    Sous les voûtes d'épais feuillage,
Tapissés de pelouse où brille, éblouissant,
Le champêtre rubis dont se pare en passant
    La jeune fille du village !

III

» Au fond de ces ravins à tout regard voilés,
Qu'il est doux de rêver dans ces bois étoilés
    De chèvrefeuille et d'églantines,
Lieux où l'oiseau se plaît à marier son chant
Au bruit harmonieux que font en s'épanchant
    Les cascatelles argentines !

» C'est l'heure où la rosée aux rayons du matin,
Limpide diamant, dans les coupes du thym
    Scintille en conviant l'abeille.
Tout embaume, tout chante et bourdonne et fleurit,
Et la vallée au loin, sous un ciel qui lui rit,
    Se déploie en fraîche corbeille.

» Mais que vois-je ? Salut, Vierge ! l'étoile au front,
Votre image apparaît sublime sur ce mont
    Que bénit votre main puissante (1).
Le vieillard, le savant, de veilles affaibli,
Un jour, de ses douleurs viendra boire l'oubli
    Dans l'onde à vos pieds jaillissante.

(1) Allusion prophétique à la statue monumentale de la Vierge au sommet de Châtel.

» Qui verra ce vallon n'en saura revenir ;
L'étranger y perdra jusqu'à ton souvenir,
    Berceau de l'enfance première,
Tant cette terre est belle et tant son ciel est beau !
Que ne puis-je y mourir et trouver un tombeau
    Où j'ai retrouvé la lumière ! »

III

Voyez-vous sur ces murs, pareils aux vieux remparts,
La végétation grimper de toutes parts
Et de festons pendants couvrir le presbytère ?
Ce fut là de Blanda l'antique monastère.
C'est là qu'elle priait et chantait tour à tour,
Aux compagnes, enfants des hameaux d'alentour,
Apprenant à bénir, dans sa reconnaissance,
Le Dieu qui donne aux saints une telle puissance.
Elle chantait : l'écho prolongeant dans les bois
Le concert argentin d'harmonieuse voix,
Le matin, réveillait le chantre de l'aurore ;
L'oiseau dormait le soir, l'écho vibrait encore.

IV

Séjour aimé du ciel ! un pieux desservant
Y cache de vertus un modèle vivant,
Et notre âge verra des vierges révérées (1),
Sous l'aile du Seigneur colombes retirées,
Chanter, prier, bénir, comme autrefois Blanda
Dans la tour que saint Prix sur la grotte fonda.

_____

(1) Allusion à l'établissement prochain d'une communauté de religieuses chargées de l'éducation des jeunes filles de la commune.

RENSEIGNEMENTS GÉNÉRAUX

POUR

CLERMONT ET ROYAT.

Hôtels principaux de Clermont.

Hôtel de la Paix, boulevard de la Préfecture.
Hôtel de la Poste, place de Jaude.
Hôtel de l'Europe, place de Jaude.
Hôtel des Messageries, place de Jaude.
Hôtel de l'Écu de France, rue de l'Écu.
Hôtel de France, rue de l'Écu,
Hôtel de l'Aigle d'Or, rue Ballainvilliers.
Hôtel de Paris, rue des Jacobins.
Hôtel du Nord, rue des Jacobins.
Tous ces hôtels ont des omnibus qui correspondent aux arrivées et aux départs du chemin de fer.

Cafés à visiter.

Place de Jaude. — *Café Lyonnais*, *Café de Paris*, le *Casino*, *Café militaire*.
Montée des Petits-Arbres. — *Café du Globe*.
Cours Sablon. — *Café des Officiers*.

Cercles.

Cercle du Barreau, rue des Grands-Jours.
Cercle du Commerce, place du Poids-de-Ville.
Cercle Catholique, rue Savaron.
Cercle Agricole, rue Pascal.

Les étrangers peuvent y être admis sur la présentation d'un des membres.

Administration des Postes.

Bureau principal. — Rue du Poids-de-Ville. Fermé à 7 heures.

Boîtes supplémentaires. — Place des Petits-Arbres, rue Blatin, à l'Hôtel-Dieu, rue de l'Écu, Cours Sablon, barrière d'Issoire, à l'Évêché, à l'Hôtel-de-Ville, rue des Jacobins et à Montferrand.

Bains publics.

Rue Blatin, rue de l'Éclache, rue Sous-la-Tour-de-Notre-Dame, avenue des Paulines, rue Abbé-Girard, rue Sainte-Claire, établissement de la fontaine pétrifiante, rue des Chats.

Écoles de natation, barrière de Jaude, au Tivoli; à Beaurepaire, route de Chamalières, par les Roches.

Télégraphe électrique, à la Préfecture.
Banque de France, rue B.-Pascal.

Imprimeries.

Mont-Louis, rue Barbançon.

Ferdinand Thibaud, rue Saint-Genès.

Auguste Veysset, rue de la Treille.

Librairies.

Duchier, rue du Saint-Esprit, 26, et boulevard
de la Préfecture.

Auguste Veysset, rue de la Treille, 14.

Ducros-Paris, rue Saint-Genès, 5.

Thibaud, rue Saint-Genès, 8.

Bellet, rue Barbançon.

Reynaud, rue Saint-Genès.

Mme Charbonet, rue Massillon.

Fairerol, rue du Saint-Esprit.

Escot-Berthier, rue Ballainvilliers.

Ch. Estienne, place Delille.

Dilhan-Vivès, place Delille.

Servoingt, rue Pascal.

Maire-Sébille, rue Massillon.

Médecins consultants à Royat (établissement thermal).

M. Basset, inspecteur ; M. Imbert, M. Boucaumont.

On ne peut suivre aucun traitement sans une
ordonnance d'un médecin.

Hôtels et Logements.

Le prix des chambres est de 1 fr. à 3 fr. par jour. Le prix de la pension varie de 5 à 10 fr., suivant le logement.

Principaux Hôtels.

Les plus rapprochés de l'établissement : *Hôtel des Thermes*, en face de l'établissement, tenu par Blanc ; *Hôtel de Saint-Mart*, tenu par Cousteix ; *Hôtel et Restaurant*, tenu par Servant, près l'établissement ; *Au Rendez-vous des Gourmets*, sur le bord du ruisseau, au-delà du pont.

Un peu plus haut, sur la route : *Hôtel des Bains*, tenu par Ganne ; *le Grand Hôtel*, tenu par Neuville ; *Au Rendez-vous des Paysagistes*, tenu par Fournier ; *Hôtel Mazet ; Hôtel des Greniers de César ; A ma Campagne*, tenu par Dourif ; *A la Vue du Puy-de-Dôme*, tenu par Cordemoy ; *Hôtel de la Grotte*, tenu par Lafond.

Les étrangers trouveront dans le village de Royat, ou dans les moulins qui environnent l'établissement jusqu'à Chamalières, des logements agréables à des prix variés.

AMATEURS D'ARCHEOLOGIE ET DE CURIOSITES.

M. Bouillet, rue du Port (Conservateur du Musée de la ville).

M. de Tissandier, rue du Port (tableaux).

M. de Douhet, rue du Port (tableaux).

M. Robert, peintre, rue du Port (émaux factices).

MM. de La Vergne frères, place Delille (curiosités, objets d'art).

M. Compagnon, architecte, cours Sablon (antiquités, armes, émaux, etc., etc.)

M. Fabre, peintre verrier, au Pont-de-Naud (musée universel). — Vend.

M. Chabrol, ancien avoué, place Michel-de-l'Hospital (antiquités).

M. Larget, rue Ballainvilliers (numismatique de tous les temps et de tous les peuples).

M. Mathieu, boulevard de la Pyramide (numismatique, inscriptions antiques).

M. Émile Thibaud, rue de la Treille (objets d'art).

M. Léon Rochette, de Lempdes (objets précieux et rares).

M. Aigueperse, rue Massillon (curiosités, ameublements). — Vend.

M. l'abbé **Faucher**, rue Montlosier (émaux, objets religieux).

M. l'abbé **Arnaud**, rue Montlosier (émaux, objets religieux).

M. **Grange**, rue Blatin (objets de l'âge dit de Pierre, faïences de Clermont, objets d'art instructifs faits par des montagnards auvergnats). — Vend.

M. **Cohendy**, archiviste de la Préfecture, rue Blatin (antiques, monnaies, ouvrages rares).

M. le capitaine **Maymat**, place de la Chapelle-de-Jaude (monnaies et antiquités).

M. **Chassaing**, avocat, rue Savaron (gravures anciennes).

Dames amateurs.

Mme DE **Romeuf**, place Michel-de-l'Hospital (ameublements, faïences et porcelaines curieuses).

Mme **Peghoux de Semmiers**, place Michel-de-l'Hospital (ameublements, faïences et porcelaines curieuses).

Mme DE **Symphorien**, place Michel-de-l'Hospital (ameublements, faïences et porcelaines curieuses).

Mme DE **Courson**, rue Antoine-d'Auvergne (ameublements, faïences et porcelaines curieuses).

Mme DE **La Roche**, rue du Port (ameublements, faïences et porcelaines curieuses).

Mᵐᵉ GEORGET, rue d'Assas (armes, émaux, meubles, tableaux, gravures, bijoux, dentelles, etc.).

Mᵐᵉ DE TRINCALYÉ, à Chamalières (chinoiseries, objets curieux).

BIBLIOGRAPHIE.

Histoire de Riom, chef d'Auvergne, traduite du latin en français, par C.-B. Bernard, 1 vol. in-16;

La Cosmographie universelle de tout le monde, par François Belleforest, 2 vol. in-folio.

Les Antiquités de la ville de Clermont en Auvergne, imprimées dans la description du siége de Gergovie fait par César, traduction par Jean Villevaut, in-8°.

La résolution des trois états du bas pays d'Auvergne avec la prise de la ville d'Issoire, par le comte de Randon, in-8°.

Coustumes et établissement du château de Clermont, br. in-8°.

Les Origines de Clermont, par Jean Savaron, in-8°.

Origine de Clermont et de ses évêques, par J. Dufraisse, in-8°.

Recueil concernant la juridiction consulaire de Clermont, par Gortigier, in-4°.

Description des eaux minérales, bains et douches du Mont-Dore, par Chomel, in-12.

Essais topographiques et d'histoire naturelle du Mont-Dore et de ses environs, par Ant. Delarbre, in-8°.

Vues générales sur l'histoire des environs de Clermont, par Mossier, an VI.

Quelques observations concernant l'agriculture dans les montagnes du département du Puy-de-Dôme, par Lacoste, in-8°.

Mon voyage au Mont-Dore, par le comte de Salaberry, in-8°.

Notice sur l'ancien royaume des Auvergnats et sur la ville de Clermont, par A. Delarbre, in-8°.

Annuaire du département du Puy-de-Dôme (1806-1865), un vol. in-18 par an.

Notice sur l'histoire de la ville de Clermont-Ferrand, le siége d'Issoire et la bataille de Cros-Rolland.

Dictionnaire topographique des communes du département du Puy-de-Dôme, extrait des annuaires de 1814 à 1817.

Promenade à Royat, commune de Chamalières, par Rabany-Beauregard, in-8°.

Recherches sur les propriétés physiques, chimiques et médicinales des eaux du Mont-Dore, par le docteur Michel Bertrand, in-8°.

Discours sur la topographie médicinale du département du Puy-de-Dôme, par Fleury, in-4°, réimprimé en 1833.

Topographie minérale du département du Puy-de-Dôme, par J.-B. Bouillet, in-8° et planches.

Observations sur la source incrustante de Saint-Alyre, dans un des faubourgs de Clermont-Ferrand, broch. in-8°, réimpr. en 1833.

Notice sur le château de Tournoëlle, par B. Gonod, in-8°, broch.

Itinéraire du département du Puy-de-Dôme, par Lecoq et Bouillet, in-8°.

Le Mont-Dore et ses environs, description pittoresque, par Lecoq, in-8°.

Chronologie des évêques de Clermont et des principaux monuments de l'histoire ecclésiastique de l'Auvergne, par B. Gonod, in-4°.

Deux promenades au Mont-Dore, pour l'étude des questions de cratères, par Nérée Boubée, in-18.

Voyage pittoresque et romantique dans l'ancienne Auvergne, par C. Nodier, J. Taylor et de Cailleux, 2 vol. in-folio avec planches.

Guide du voyageur à Clermont-Ferrand, dans sa banlieue, etc., par J.-B. Bouillet, in-18.

Notice historique sur la cathédrale de Clermont-Ferrand, par B. Gonod, in-8°.

Le Mont-Dore et ses environs, avec planches des

sinées d'après nature, par Louis Batissier, in-
folio.

Histoire des guerres religieuses en Auvergne pendant les XVIᵉ et XVIIᵉ siècles, par André Im-
berdis, 2 vol. in-8°, en vente chez M. Duchier,
libraire, rue Saint-Esprit, 26. — Les mêmes, en
1 vol. in-8°, même auteur.

Essai sur les églises romanes et romano-byzantines du Puy-de-Dôme, par Mallay, in-
folio.

Notice sur le château de Murols (Clermont-Ferrand), broch. in-8°.

Histoire des monastères d'Auvergne, par Dom
Branche, 1 vol. in-8°.

Notice sur Royat et ses environs, par E. Thibaud,
in-8° et carte.

Dictionnaire des eaux minérales du département
du Puy-de-Dôme, par Nivet, in-8°.

Tablettes historiques de l'Auvergne, comprenant
les départements du Puy-de-Dôme, du Cantal,
de la Haute-Loire et de l'Allier, par J.-B.
Bouillet, 8 vol. in-8°.

Nobiliaire d'Auvergne, par J.-B. Bouillet, 4 vol.
gr. in-8°, blas.

Quinze jours au Mont-Dore, par Hyacinthe Audif-
fard, in-18.

Première lettre sur les eaux minérales de Saint-

Nectaire, par le docteur Ant. Vernière, broch. in-8°.

L'Auvergne et l'ancien Velay, par Michel, 3 vol. in-folio. — Desroziers, à Moulins.

Le vrai guide de Clermont-Ferrand et de ses environs, publié par Duchier, 2° édition in-18.

Annales scientifiques et littéraires de l'Auvergne. — Annales des mines. — Histoire de l'Académie royale des inscriptions et belles-lettres. — Carte d'Auvergne, par Dubouchet, Fretal, etc. — Carte de la Limagne d'Auvergne, par Gab. Siméon, 1500, 1598, 1603. — Carte du département du Puy-de-Dôme, extrait de la carte de Cassini et de la carte de France du dépôt de la guerre. — Carte du diocèse de Clermont. — Plan de Clermont. — Nouveau plan de Clermont et du chemin de fer. — Carte du département du Puy-de-Dôme, par Charles, Dufour, Duvotenay. — Carte géologique de Desmarest, 6 feuilles grand in-folio. France illustrée, département du Puy-de-Dôme, par Malte-Brun.

Le Mont-Dore, par C. Brainne, *Pressé* du 24 août.

Mémoires de Fléchier sur les grands jours d'Auvergne en 1665, un vol. in-8°, 2° édition, Hachette.

Souvenir de voyage ou les vacances en Auvergne, par l'abbé E. J. C., 1 vol. in-12, édition Thibaud.

Vie des saints d'Auvergne, par Branche, 2 vol. in-12, édition Thibaud.

Le vrai guide de Clermont-Ferrand et du département, 3e édit. in-18, un vol., publié par Duchier.

Nouveau plan de Clermont-Ferrand avec le dictionnaire des rues et des justices de paix, une feuille in-folio, publié par Duchier.

Étude sur les eaux minérales de l'Auvergne et du Bourbonnais, par Nivet, 1850.

Observations météorologiques faites à Clermont, par Henri Lecoq, en 1850 et 1851.

Une première année passée à Saint-Nectaire, par Basset, 1859.

Histoire médicale et administrative de la prostitution dans la ville de Clermont, par Pradier, 1859.

Études sur les eaux de St-Nectaire, par Basset, 1860.

Atlas géologique du département du Puy-de-Dôme, par Henri Lecoq. Clermont, 1861.

Éphémérides du département du Puy-de-Dôme, par Francisque Mège. Paris, 1861.

Souvenirs de la langue d'Auvergne, par Francisque Mège. Paris, 1861.

Examen de diverses opinions sur le siége de Gergovia, par Olleris. Clermont, 1861.

Vercingétorix et César à Gergovia, mémoire, par P. Mathieu. Clermont, 1862.

Notes sur les ruines découvertes sur le plateau de Gergovia, par Aucler. Clermont, 1862.

Études sur les eaux minérales de Châtelguyon, par Louis Chalvon. Riom, 1862.

Voyage en Auvergne, par Louis Nadaud. Paris, 1862.

Réponse à M. Nadeau, par le docteur Arlance. Clermont, 1862.

Guide en Auvergne, par M. É. Thibaud. Clermont, 1862.

Nouvelles observations sur les camps romains de Gergovia, par P.-P. Mathieu. Clermont, 1863.

Histoire de Vercingétorix, par Girard. Clermont, 1863.

Les eaux thermales de l'Auvergne, par G.-C. Allard et F. Boucaumont. Paris, 1863.

Les eaux minérales du massif central de la France, par Henri Lecoq. Paris, 1864.

Description archéologique et historique de la cathédrale de Clermont, par P. D. L. Clermont, 1865.

Histoire des communautés des arts et métiers de l'Auvergne, par Bouillet.

Histoire du château de Murol, par Mathieu.

Statistique monumentale du département du Puy-de-Dôme, par Bouillet.

Des colonies et voies romaines en Auvergne, par P.-P. Mathieu.

INDICATIONS POUR LES BOTANISTES

**Localités les plus riches en plantes, avec l'énumé-
ration des plus intéressantes de ces plantes.**

Vallée et bois de Royat. — Herborisation des
plus fructueuses et des plus intéressantes. — Anemone montana, A. ranunculoïdes, Oxalis corni-
culata, Gagea lutea, Chrysosplenium oppositifo-
lium, C. alternifolium, Doronicum pardalianches,
Lychnis viscaria, Galeobdolon luteum, Adoxa
moscatelina, Mellitis melissophyllum, Asclepias
vincetoxicum, Umbilicus pendulinus, Cineraria
spathulæfolia, Lilium martagon, Tussilago alba,
Adenostyles albifrons, Cirsium erisithales, Actæa
spicata, Arum maculatum, Orchis maculata, O.
mascula, O. morio, O. sambucina, Platanthera
bifolia, Listera ovata, Aquilegia vulgaris, Cory-
dalis solida, Geranium pheum, etc.

Puy de Crouël et ses environs. — Très-belle
herborisation. — Astragalus monspessulanus, He-
lianthemum pulverulentum, Linum austriacum,
Ophris myoides, Gladiolus segetum, Salvia æthio-
pis, Althæa cannabina, Spiræa filipendula, Tha-
lictrum saxatile, Lonicera etrusca, Papaver hy-
bridum, Glaucium corniculatum, etc.

Marais de Marmillat. — Plantes aquatiques et des marécages. Herborisation intéressante.

Bois de Bellerive, sur les bords de l'Allier, près du pont de Cournon, et environs de Gondolle, sur la rive opposée. — Herborisation intéressante.

Puy de Dôme. — Plantes des montagnes; plantes alpestres. — Ranunculus platanifolius, Crocus vernus, Cotoneaster vulgaris, Aronia rotundifolia, Chrysyanthemum bifolium, Paris quadrifolia, Scilla lilio-hyacinthus, Allium victoriale, Galanthus nivalis, Platanthera chlorantha, Gymnadenia albida, Aconitum lycoctonos, Rosa rubiginosa, Daphne mezereum, D. laureola, Euphorbia hyberna, Pedicularis foliosa, Centaurea montana, Mercurialis perennis, Pulmonaria azurea, Digitalis lutea, Dianthus Seguieri, Dianthus monspessulanus, Gentiana lutea, Gentiana campestris, Pyrola rotundifolia, P. minor, Vaccinium fuliginosum, Campanula trachelium, Phyteuma hemisphericum, Arnica montana, Sonchus Plumieri, Prenanthes purpurea, Hypochæris maculata, Cirsium erisithales, Senecio cacaliaster, Cineraria spathulæfolia, Doronicum pardalianches, D. Austriacum, Lonicera alpigena, Rubus fastigiatus, etc.

Puy de Chanat. — Plantes des bois montagneux. L'*Asperula odorata* abonde dans les bois qui couvrent ce puy.

Puy de Côme. — Belle herborisation, plantes des bois montagneux. — Meconopsis cambrica, Ranunculus platanifolius, Nigritella angustifolia, etc.

Pontgibaud, cheire de Côme (partie boisée); forêt de la Chartreuse, du Port-Sainte-Marie. — Ces localités, situées dans le voisinage de Pontgibaud, sont des plus intéressantes pour les botanistes. Dans la cheire de Côme, on trouve en quantité le *Sambucus racemosa* et le *Sorbus aucuparia.*

Randanne, cheire de la Vache. — Belle herborisation.

Narse d'Espinassé. — Herborisation des plus intéressantes.

Le Mont-Dore. — Ce groupe de montagnes offre une flore des plus remarquables. Nous citons ci-dessous séparément les localités les plus riches en plantes, et les plantes les plus intéressantes ou les plus rares.

LOCALITÉS.

Bois du Chausse, vers les roches Tuillière et Sanadoire.

Creux de Palabus, près du village de Pessade.

Marais de la Croix-Morand.

Marais de la Dore (source de la Dordogne).

Vallée de Chaudefour.

Lac de l'Esclause, près d'Égliseneuve-d'Entraigues.

Prairies de Saint-Nectaire.

Pentes du pic Sancy et pelouses des hauts sommets, au-dessus de la ligne de végétation des arbres.

Vallon de la Cour et Gorge-d'Enfer.

PLANTES.

Petasites alba, Adenostyles albifrons, Tussilago petasites, Cardamine amara, Ranunculus platanifolius, Ranunculus aconitifolius, Trollius europæus, Plantago lanceolata, Rumex alpina, Menyanthes trifoliata, Salix pentandra, S. sericea, Aconitum napellus, Trifolium alpestre, Phyteuma hemispherica, Brunella grandiflora, Anemone alpina, Androsace carnea, Thlaspi alpestre, Gentiana verna, Soldanella alpina, Gentiana pneumonanthe, Gentiana cruciata, Gentiana lutea, Ajuga alpina, Pedicularis foliosa, Agrostis alpina, Nardus stricta, Avena versicolor, Aira montana, Festuca aurea, Poa compressa, Geum montanum, Potentilla aurea, Alchemilla alpestris, Juncus filiformis, Luzula spicata, Lycopodium selago,

Gymnadenia albida, Cerastium alpinum, Arnica montana, Geranium pyrenaïcum, G. sanguineum, Veratrum album, Dentaria pinnata, Epilobium montanum, Senecio doronicum, Saxifraga stellaris, S. cespitosa, Gnaphalium supinum, Meum athamanticum, Dianthus cœsius, Sonchus Plumieri, Cacalia saracenica, Jasione perennis, Saxifraga rotundifolia, Pinguicula vulgaris, Trifolium spadiceum, Swertia perennis, Parnassia palustris, Drosera rotundifolia, Genista pilosa, G. purgans, Reseda sesamoides, Sempervivum arachnoideum, S. arvernense, Saxifraga aizoïdes, Meconopsis cambrica, Triglochin maritimum, Glaux maritima, Scirpus maritimus, Nymphæa alba, Nenuphar luteum, etc.

TENANTS ET ABOUTISSANTS

DES RUES & PLACES DE CLERMONT.

Les lettres *N.*, *S.*, *O.* indiquent les sections *Nord, Sud* et *Ouest* dont les rues font partie.

Les anciens noms des rues et des places encore usités sont placés au-dessous des nouveaux, en caractères italiques.

Justices de paix.

Section *S.-O.* — *Juge :* M. Lasteyras, rue du Chapon. *Greffier :* M. Viallefond, place Saint-Pierre. *Juges suppléants :* MM. Mollie, M.*** — Audiences, les vendredis, à une heure.

Section *N.* — *Juge :* M. Couvreul, rue de l'Éclache. *Greffier :* M. Moussy, rue Thomas. *Juges suppléants :* MM. Fabre, Mage. — Audiences, les mardis.

Section *S.* — *Juge :* M. Bayle-Pradon, rue Thomas. *Greffier :* M. Paillard, rue Halle-de-Boulogne. *Juges suppléants :* MM. Barraud, Huguet. — Audiences, les samedis.

Section *E.* — *Juge :* M. Conscience, à Montfer-

rand. *Greffier* : M. Taillardat, à Montferrand.
Juges suppléants : MM. Guillaume, Faure.— Audiences, les vendredis.

Notaires : MM. Fabre, Mollie, Magé, Bonnay, Labrosse, Chabrol, Coupelon, Renoux, Agron ; Bassin, à Montferrand ; Terrasse, à Montferrand.

RUES.	TENANTS ET ABOUTISSANTS.

Abbé-Girard, *S.* — rue Grégoire-de-Tours ; au Lycée.

Adjutor (St-), *O.*— r. St-Dominique ; r. des Vieillards.

Aimés (des), *S.* — r. Barnier ; place N.-D.-du-Port.

Aises (des), *S.*— r. Neuve-des-Carmes ; r. Ballainvilliers.

Allagnat (d'), *O.* — r. d'Assas ; r. Torte.

Alyre (St-), *N.*— r. Sainte-Claire ; couvent des Ursulines.

André (St-), *O.*— pl. du Champgil ; r. Ste-Magdeleine prolongée jusqu'à la rue Blatin.

Ange (de l'), *N.* et *O.* — r. St-Dominique ; r. des Vieillards.

Antoine-d'Auvergne, *S.* — r. Savaron ; place Michel-de-l'Hospital.

Sous-las-Crotas.

Arthème (grd^e St-), *N.*—r. de la Garde ; barrière
dite St-Arthème.

Arthème (petite St-), *N.*— r. de la Morée ; grande
r. St-Arthème.

Assas (d'), *O.* — r. Hôtel-Dieu ; r. du Billard.

Augustins (Sous-les-), *N.* — r. Sidoine-Apol.;
r. Neuve-St^e-Claire.

Ballainvilliers, *S.* et *O.* — r. Halle-au-Blé ; boulevard de la Pyramide.

Bancal, *O.*— r. Hôtel-Dieu ; r. d'Allagnat.

Bansac, *S.* — pl. Delille ; r. Sous-les-Capucins.

Barbançon, *S.* — r. Domat ; r. du Terrail.

Barnier, *N.* et *S.*—r. du Port ; place d'Espagne.

Barthélemy (St-), *N.* — r. des Gras ; pl. St-Pierre.

Beauregard, *N.*— r. du Port ; r. Barnier.

Benoît (St-), *S.* — pl. Michel-de-l'Hospital ; r. du
Chapon.

Billard (du), *O.* — boulev. Sous-la-Préfecture ;
r. Jolie.

Blatin, *O.*— pl. de Jaude ; bar. de Chamalières.

Bohêmes (des), *N.*— r. Pascal ; place du Palais.

Bois-de-Cros (du), *O.*— pl. de Jaude ; r. Blatin.

Bon-Pasteur (du), *O.* — boul. de la Pyramide ;
r. St-Guillaume.

Bonnes-Femmes (des), *O.*— r. Hôtel-Dieu ; r. Jolie.

Bons-Enfants (des), *N.* — pl. du Mazet ; pl. St-
Hérem.

Boucherie (de la), *N.* — marché au Poisson ; pl. St-Pierre.

Buges (des), *N.* — r. Sidoine-Apollinaire ; barrière dite des Bughes.

Boirot, *N.* — marché au Poisson ; place St-Hérem, *Porte-Laurent.*

Cachée, *N.* — r. du Poids-de-Ville ; r. de l'Ange.

Cadène, *O.* — r. St-Dominique ; r. du Bois-de-Cros.

Capucins (des), actuellement avenue de Morny, *S.* — pl. Michel-de-l'Hospital ; rue Bansac. Prolongée au chemin de Ronde de la Gare.

Carmes (Neuve-des-), *S.* — r. Abbé-Girard ; pl. Michel-de-l'Hospital.

Carmes (Plateforme-des-), *S.* — r. Grégoire-de-T.

Catherine (Ste), *N.* et *O.* — r. du Passeport ; barrière dite de Saint-André.

Champs (des), *S.* — r. Ballainvilliers ; r. de l'Eclache.

Champgil (du), *O.* — r. St-Adjutor ; pl. Champgil.

Chapelle-de-Jaude (de la), *O.* — r. Jolie ; r. Gonod.

Chapon (du), *S.* — r. Halle-au-Blé ; cours Sablon.

Charretière, *O.* — r. Hôtel-Dieu ; r. Jolie.

Chats (des), *N.* — r. St-Alyre ; grande r. St-Arthème.

Chaufour, *N.* — r. Neuve-Ste-Claire ; r. des Bughes.

Chausseliers (des), *O.* — pl. Derrière-Clermont ;
r. du Cheval-Blanc.

Cheval-Blanc (du), *O.*—r. des Gras ; r. des Petits-
Gras.

Cimetière-St-Adjutor, *O.*— r. St-Adjutor ; pl. du
Champgil.

Cimetière (de l'Ancien-), *O.*—r. de l'Hôtel-Dieu ;
r. Jolie.

Claire (Ste-), *N.* — r. du Poids-de-Ville ; r. de la
Garde.

Claire (petite Ste-), *N.*— r. Ste-Claire ; r. Neuve-
Ste-Claire.

Claire (Neuve-Ste-), *N.*— pl. St-Hérem ; r. Chaufour.

Collége (du), *S.* — r. Neuve-des-Carmes ; r. Ballainvilliers.

Coche (du), *G.*—pl. de Jaude ; r. du Billard.

Coifferie (de la), *N.*— r. des Gras ; marché au
Poisson.

Cyrgues (St-), *N.* — r. Fontgiève ; bar. dite St-
Cyrgues. (Nouveau marché, Cuirs, Bois et
Charbon.)

Dallet, *N.* et *S.* — r. Sous-la-Place-d'Espagne ;
moulin Barnier.

Désaix (Neuve-), *O.* — r. Ballainvilliers ; pl. Désaix.

Domat, *S.*— pl. Derrière-Clermont ; r. Massillon.
Four-l'Évêque.

Dominique (St-), *N.* et *O.* — r. des Gras ; r. Ste-Magdeleine.

Écho (de l'), *S.*— bar. d'Issoire ; bar. St-Jacques.

Éclache (de l'), *S.*— r. du Chapon ; boulevard du Taureau.

Ecu (l'), *O.* — r. St-Louis ; pl. de Jaude.

Éloy (St-), *O.* — pl. Désaix ; r. Ballainvilliers.

Enfer (de l'), *S.* — halle au Blé ; r. de l'Éclache.

Énte (de l'), *N.*— r. de la Coifferie ; pl. du Mazet.

Escalier (du Petit-), *O.* — r. de l'Hôtel-Dieu ; r. Jolie.

Espagnolette, *S.*— r. du Port ; petite pl. d'Espagne.

Esprit (du St-), *S.* et *O.*— pl. des Petits-Arbres ; r. Ballainvilliers.

Étoile (de l'), *N.* — r. St-Louis ; r. des Vieillards.

Fauchers (des), *N.*— pl. du Mazet ; pl. St-Pierre.

Fauchers (petite des), *N.* — r. des Fauchers ; pl. St-Hérem.

Forosan, *S.* — r. de la Treille ; r. des Aises.

Fontaine-de-la-Flèche, *S.*— boulevard du Grand-Séminaire ; r. Neyron.

Fontaine-de-la-Flèche (Petite), *S.* — boulevard du Grand-Séminaire ; r. Fontaine-de-la-Flèche.

Fontgiève, *N.* — r. du Poids-de-Ville ; barrière Fontgiève.

Fontgiève (Haute-), *N.*— r. Fontgiève ; r. du Passeport.

François (St-), *O.* — r. de Lagarlaye; r. des Bonnes-Femmes.

Garde (de la), *N.* — r. St^e-Claire; grande rue St-Arthème.

George (St^e-), *N.* — r. St-Alyre; r. du Pérou.

George (petite St^e-), *N.* — r. St^e-George; barrière des Bughes.

Godefroy-de-Bouillon, *S.* — place Delille; r. des Jacobins.

Gonod, *O.* — place de Jaude; marché aux bestiaux; route n° 9, de Perpignan

Gras (des), *N.* et *O.* — pl. des Gras; r. de l'Écu.

Gras (des Petits-), *O.* — r. des Chaussetiers; pl. Sugny.

Gras (tranchée des), *O.* — r. des Gras; r. des Chaussetiers.

Grégoire-de-Tours, *S.* — r. Massillon; pl. Michel-de-l'Hospital.

Des Carmes.

Guillaume (St-), — r. St-Jacques; r. du Bon-Pasteur.

Halle-aux-Toiles, *N.* et *O.* — r. Neuve-Prolongée; boulevard de la Préfecture.

Halle - de - Boulogne, *N.* — r. Hôtel - de - Ville; r. Pascal.

Hôpital (de l'Ancien-), *N.* — r. St-Barthélemy; r. St-Louis.

Hôtel-de-Ville, *N.* — pl. Devant-Clermont ; rue Halle-de-Boulogne.

Hôtel-Dieu (de l'), *O.* — pl. des Petits-Arbres ; boulevard de la Pyramide.

Jacobins (des), *S.* — pl. Delille ; marché au Bois.

Jacques (St-), *S.* et *O.* — boulev. de la Pyramide ; barrière St-Jacques.

(Prolongée au nouveau Cours.)

Jolie, *O.* — pl. de Jaude ; rue de Lagarlaye.

Joseph (St-), *O.* — r. St-Jacques ; r. du Bon-Pasteur.

Jours (des Grands-), *S.* — pl. Devant-Clermont ; r. du Terrail.

Jours (petite des Grands-), *S.* — r. des Grands-Jours ; r. du Terrail.

Lagarlaye, *O.* — boulev. de la Pyramide ; barrière de Jaude.

Laurent (St-), *S.* — r. du Port ; r. Neyron.

Louis (St-), *N.* — r. du Poids-de-Ville ; r. de l'Écu.

Marché-au-Blé (du), *S.* — r. Ballainvilliers ; pl. Michel-de-l'Hospital.

Magdeleine (Ste), *O.* — r. St-Dominique ; barrière Ste-Magdeleine.

Massillon, *S.* — pl. Impériale ; r. Savaron.

Minimes (des), *O.* — r. St-Dominique ; pl. de Jaude.

Moineaux (des Trois-), *N.* — pl. St-Pierre ; pl. St-Hérem.

Montlosier, *N.* et *S.* — pl. St-Hérem ; pl. Delille ;
r. Dallet ; r. Sidoine-Apollinaire.

Sous la place d'Espagne.

Morée (de la), *N.* — r. Fontgiève ; r. Ste-Claire.

Neuve, *N.* et *O.* — r. du Poids-de-Ville ; pl. de Jaude

Neyron, *S.* — r. des Ursulines ; pl. Delille.

Notaires (des), *N.* — pl. Devant-Clermont ; pl. Poterne.

Des Orfèvres.

Oratoire (de l'), *S.* — r. des Ursulines ; boul. du Grand-Séminaire.

Paradis (du), *S.* — r. Ballainvilliers ; r. de l'Enfer.

Pascal (B.), *N.* et *S.* — pl. du Terrail ; r. du Port.

Des Nobles.

Passeport (du), *N.* — r. des Vieillards ; r. Fontgiève.

Passeports (des Quatre-), *O.* — r. des Vieillards ; r. du Passeport.

Peigneurs (des), *O.* — r. Jolie ; r. Gonod.

Pérou (du), *N.* — r. Neuve-Sainte-Claire ; r. Ste-George.

Pierre (St-), *N.* — pl. St-Pierre ; r. du Poids-de-Ville.

Pierre (petite St-). — r. des Gras ; pl. St-Pierre.

Poids-de-Ville, *N.* — r. St-Louis ; pl. St-Hérem.

Poids-de-Ville (de l'Ancien-), *O.* — r. des Gras ; r. des Chaussetiers.

Ponts (des Trois-), *N.* — pl. Sidoine-Apollinaire ; moulin de la Place.

Port (du), *N.* et *S.* — pl. Poterne ; pl. Delille.

Poterne (glacis de la), *N.* — pl. Poterne ; pl. d'Espagne.

Préfecture (boulev. de la), *O.* — pl. des Petits-Arbres ; pl. de Jaude.

Montée de Jaude.

Prévote, *O.* — r. Terrasse ; r. des Petits-Gras.

Prison (de la), *N.* — r. des Bohêmes ; r. Halle-de-Boulogne.

Pyramide (boulev. de la), *O.* — r. Hôtel-Dieu ; boulev. du Taureau.

Raisins (des Trois-), *N.* — r. de l'Ente ; r. de la Boucherie.

Renoux, *O.* — r. d'Allagnat ; r. Jolie.

Rose (Ste), *N.* — r. du Poids-de-Ville ; r. du Passeport.

Sauvage (du), *S.* — r. Neyron ; r. du Port.

Savaron, *S.* — r. Massillon ; pl. du Terrail.

Las Crotas.

Sellette (de la), *S.* — pl. Delille ; marché au Bois.

Sellette (petite de la), *S.* — pl. Delille ; r. de la Sellette.

Séminaire (boulev. du Grand-), *S.* — Cours Sablon ; place Delille.

Sidoine-Apollinaire, *N.* — pl. St-Hérem ; pl. Sidoine-Apollinaire.

Taureau (boulev. du), *S.* — boulev. de la Pyramide ; barrière d'Issoire.

Terrail (du), *S.* — pl. Derrière-Clermont ; pl. du
Terrail.

Terrasse (de la), *O.* — r. des Chaussetiers ; r. St-
Genès.

Thomas (A.), *N.* et *S.* — r. de l'Hôtel-de-Ville ;
r. Pascal.
De l'Ancienne Comédie.

Treille (de la), *S.* — r. Massillon ; r. St-Esprit.

Treille (petite de la), *S.* — r. St-Genès ; r. de la
Treille.

Truie-qui-file, *S.* — r. Barnier ; pl. N.-D.-du-
Port.

Torte, *O.* — r. Hôtel-Dieu ; r. Jolie.

Tour-de-la-Monnaie, *N.* — pl. Devant-Clermont ;
marché au Poisson.

Tour-N.-D. (Sous-la-), *S.* — pl. Mich.-de-l'Hosp. ;
barrière des Capucins.

Tournet (du), *O.* — r. Ballainvilliers ; boulev. de
l'Hôtel-Dieu.

Tueries (des), *O.* — pl. Désaix ; boulevard de
l'Hôtel-Dieu.

Tueries (petite des), *O.* — r. St-Esprit ; boulevard
de l'Hôtel-Dieu.

Ursulines (des), *S.*— r. Pascal; r. Neyron.

Ursulines (petite des), *S.*— r. Pascal; r. des Ursulines.

Vieillards (des), *N.* et *O.* — r. de l'Age; r. du Passeport.

Villeneuve, *S.*— r. de l'Oratoire; r. Neyron.

Villeneuve, *O.*— pl. du Champgil; r. des Quatre-Passeports.

PLACES.	ABOUTISSANTS.

Arbres (des Petits-), *O.*— boulev. Sous-la-Préfecture, r. Hôtel-Dieu, r. St-Esprit, r. d'Assas, r. du Billard.

Austremoine (St-), *S.*— boulev. du Grand-Séminaire.

Bourse (de la), *N.*— la Cathédrale, pl. des Gras, pl. Devant-Clermont.

Chapelle-de-Jaude (de la), *O.* — pl. de Jaude, barrière de Jaude, r. de la Chapelle-de-Jaude, r. des Peigneurs.

Champgil (du), *O.* — r. des Vieillards, r. du Champgil, r. St-André, r. Villeneuve, r. du Cimetière-St-Adjutor.

Clermont (Derrière), *S.* et *O.*— Cathédrale, r. Impériale, r. des Chaussetiers, r. Domat, r. du Terrail, r. des Grands-Jours.

Clermont (Devant), S, et N.— Cathédrale, Hôtel-de-Ville, r. des Grands-Jours, r. Tour-de-la-Monnaie, r. des Notaires, pl. de la Bourse.

Delille, S.— pl. d'Espagne, boulev. du Grand-Séminaire, r. Neyron, r. Bansac, r. des Jaco-bins, r. de la Sellette, r. du Port, r. Espagno-lette, r. Godefroy-de-Bouillon.

Champeix.

Désaix, O.— r. St-Genès, r. Ballainvilliers, r. des Tueries.

Saint-Genès.

Espagne (d'), N. et S.— pl. Delille, pl. St-Hérem, r. Espagnolette, r. Couronne, r. de N.-D.-du-Port, r. Barnier, glacis de la Poterne, r. Mont-losier.

Espagne (petite d'), S. — pl. d'Espagne, r. du Port, r. Espagnolette.

Étoile (de l'), S.— Cours Sablon.

Impériale, O. — r. Impériale, r. St-Genès, r. Mas-sillon.

Royale. r. des Chaussetiers.

Gras (des), N. et O. — Cathédrale, r. des Gras, r. de la Coifferie, Tranchée-des-Gras, pl. de la Bourse, pl. Derrière-Clermont.

Hérem (St-), N.— pl. Poterne, Poids-de-Ville, r. Boirot, r. des Bons-Enfants, petite rue des Fau-chers, r. des Trois-Moineaux, r. Neuve-Sainte-

Claire, r. Montlosier, r. Sidoine-Apollinaire.
Aux Cuirs.

Hôtel-de-Ville (de l'), *N.* — Hôtel-de-Ville, pl. Devant-Clermont, r. Halle-de-Boulogne, r. Thomas, r. des Notaires.

Jaude (de), *O.* — r. de l'Écu, r. Neuve, boulevard Sous-la-Préfecture, r. des Minimes, r. du Bois-de-Cros, r. de la Halle-aux-Toiles, r. Jolie, r. d'Assas, r. Gonod, r. du Coche, route de Bordeaux et de Limoges.

Michel-de-l'Hospital, *S.* — marché au Blé, cours Sablon, r. Grégoire-de-Tours, r. Neuve-des-Carmes, r. Antoine-d'Auvergne, r. des Capucins.

Marché-au-Bois, *N.* — r. Fontgiève, r. St-Cyrgues, r. de la Morée.

Marché-au-Poisson, *N.* — r. Boirot, r. de la Boucherie, r. Tour-de-la-Monnaie, r. de la Coifferie.

Mazet (du), *N.* — r. de la Boucherie, marché au Poisson, r. de l'Ente; r. des Bons-Enfants.

Pierrre (St-), *N.* — r. de la Boucherie, r. St-Barthélemy, r. St-Pierre, petite r. St-Pierre, r. des Trois-Moineaux, r. des Fauchers.

Port (du), *S.* — l'église de N.-D.-du-Port, r. N.-D.-du-Port, r. des Aimés.

Poterne, *N.* — r. du Port, pl. St-Hérem, r. des Notaires, glacis de la Poterne.

Sablon (cours), *S.*— boulev. du Grand-Séminaire, barrière St-Jacques, pl. Delille, r. de la Flèche, r. de l'Oratoire, pl. St-Austremoine, r. Sous-la-Tour-Notre-Dame, r. des Capucins, boulevard du Taureau, pl. Michel-de-l'Hospital, r. du Chapon.

Sidoine-Apollinaire, *N.*— r. Sidoine-Apollinaire, r. des Bughes, r. des Trois-Ponts.

Sugny (de), *O.* — boulevard Sous-la-Préfecture, r. Terrasse, r. des Petits-Gras.

Des Cordeliers,

Taureau (du) Square, *S.*— r. Ballainvilliers, boulev. du Taureau, r. de l'Éclache.

Terrail (du), *S.*— r. du Terrail, r. Pascal, r. Savaron.

Thomas, *N.* et *S.*—r. Thomas, pl. de l'Hôtel-de-Ville.

De l'Ancienne-Comédie.

LES PERDRIX.

CONTE EN PATOIS DES ENVIRONS DE RIOM.

Boun jour, Toinoun; coumo te portas-tu?
Que le temps mot dura deipeu qu'yo t'ai vegu!
Yo z'ai tailla ma plumo quatre quots par t'écrire,
Quatre quots liet toumbado sens poudeis re te dire.
Quand yo voule rimer, yo perde la razou,
Quou ve de moun pau d'aime, noun pas de la sazou;
Enfin, quand yo dioyot gâter tout moun papey,
Faut te dire doux mouts : la gourdio est dins mos deys.
Qu'ou n'est pas de Blézois qu'yo voule te parler,
Bey que mounde peuilloux n'y amas à se gratér;
Ne parlens pas non pus de piétre Cambregi,
Da quos meichens soudas preniens pau de souchy.

Ce qu'yo z'ai à te dire, z'est bè plus natùrél;
Yo nos ai pas pillia do brave Pasturel,
Qu'ou n'est pas las aqchos do nebou de Priam,
Qu'yo voule te coumpter, qu'ou est quellas d'un paizant.

Ta counigu moun ounchle, à l'eire un pau bavard ;
Mas quand faillot mentir, à nos amavot pas.
A me digeat un jour, lountemps m'en souvendrai,
Qu'uno fenno paut faire, més qu'yo te n'apprendrai.

Autour de Malintrat demouravo un paizant,
Que le mati sourtet par na veire sos champs ;
Coumbau quou'ouerot soun nou ; billiot à l'eiro frère
Da quet que nos pelavens Annet le Tabazeire.

Un laire parsediot un troupet de padrix,
Douas se neitount reicoundre dedins qu'un eibaupi;
Notre gaïllas las gaitto, et dins un ou doux sauts,
A travers do chibiot trapo los doux ogeaux:
Yo vous tene, ma myas, bey yo vous dinarès,
Et sens perdre de temps, se boutto à la plumès.
Quand à l'aguet bouta que paubre beitio nud,
Que le temps ly duravot d'être chez se vingut !
Jacquelino, ma fenno, dicet ly en rigeant,
Vegeo ce qu'yo z'ai preit en reveniant dos champs,
Boutto z'ot à la brocho, et facho z'ot bien couaire,
Quou chiro be millou que dos bouter au douaire;
Yo vaut, en attendant que to faras rôtir,
Chez moucheux le cura, le priér de venir.

D'abord la moueinageiro faguet l'empatinado,
Lia trapo soun baleis, netio la chaminado.
Lia netio auchi sa chambro, le tour de soun fugei,
Par doter soulament ce qu'est le pus eipei,
Dins le moins d'un moumant soun fiot fuguet luma.
Que ne fayot on pas par recebre un cura !
L'embroucho le beitiou, se bouttot à le virer,
Après ly aveir boutta dos lard par l'engraisser;
Le fiot z'eirot violant, et le gibier goutavo;
Embey sos deys lechoux souvent lia le tatavo.
Enfin, tout fuguet queut et narmo ne veniot.
Lia deibrouchot le tout, zot bouttot près do fiot;
Mas par malheur, ou le diable vouguet
Qu'autour de l'hate les restet uno pet;

Jacquelino l'attrapo, l'avalo en un moumant;
Toute autro en même cas n'auyot be fait autant.
Ah! moun Dieu! qu'a quou est bou, quo z'ot un gout parfet,
Jamais yo me teindreis d'en manger un mourcet;
D'uno lia pre la poto, la tiret un pau fort,
La queusso la seguet, sens faire un grant eiffort.
Lia tato enquéra, peu tato un autre quot;
A forço de tater, lia chabet le fricot.
Mas quou n'est pas le tout d'avoir fait quel affaire,
Faut charcher la répounço qu'à Coumbaud faut faire.
Paubro, que farai-yo? hélas! de yo quou est fait;
Jargueuzo que te seis, quou est toun darei mourcet.
La mouéro dos humains fuguet un pau gourmando,
Mas jamais tant que yo, lia ne fuguet friando;
Courage, Jacquelino, billiau quou chirot re;
Chi yo zai le bounheur de gaigner moun chabe;
Par mouscheus le cura, quou z'ot grando apparanço
Que yo l'appouezarai d'un cop d'œil d'espéranço.
Coumbaud en arribant announço le cura:
Eh be, ma paubro fenno, a-tu tout prépara?

Hélas! moun boun ami, que te vas te fâcher!
Notre paubre rôti le chat ve d'empourter.

Que pelas-tu un chat? dicet Coumbaud furieux;
Yo vo faire vouler toun ame dins los cieux.

Te fâche pas, fadas, le chat not ret tata;
Treitout se te bien chaud dessous notre grand plat.
Anne, deipeichens-nous, le cura vai venir;
Sa notre pus biau linge par la tablo garnir;

Nos nos eitablirens dins le fount de jardi ,
Ati nos dinarens et biorens do boun vi,
Nos babillarens bien ; mas quou chirot pas tout,
Quou te faudrot auchi chanter uno chansou.

Moun homme, moun ami, te faut faire un chantet,
Par partager la tourtot faut guzer toun cotet ;
Hier te me le preiteitei par pialer dos eignoux,
A coupavo à pu près coumo mos doux genoux.

A quou est bien dit, moun ange, yo les vaut d'aque pas.
A descent dins la cour, boutot casaquo à bas ;
Sa mollo eirot mountado au-dessoubre un sabot
Que soubre eillo goutavot et n'avot got à got ;
Par manier uno mollo aquo eirot un pelari,
Capable de deifier tous los gaigno-petit.
Quou ero un plazei de veire de quo façou lia navo,
Et coumo sous sos deis le fiot eitincelavo :
Soun cotet dessoubre eillo fageot un bru chi fort,
Quoun s'entendiot pas mé que quand on sannount un port.

Moucheu le cura vé, mounto dins la cugino ;
Soun proumei soin fuguet d'embrasser Jacquelino.

Hélas ! notre pasteur, yo z'ais un grand chagrin,
Moun homme soubre vous z'ot de mauvas desseins ;
Quou n'est pas temps de rire, sauvas-vous, cregeas-me,
Billiau quou est par vous thiuer qu'a vous meno chez se
Chiyot quou be pouchible ! que me dizeis-tu ti ?
Toun homme m'ot priat par manger duas padrix,
Aquou est dessous la tounno que nos devens dîner,
Quou eiro ti que yo pensavo de bien me régaler.

7

Sauvas-vous, cregeas-me, a quou est de jalouzio,
Qu'a prétend vous couper l'uno et l'autro orillo ;
Vegea-le dins la cour, setiat soubre un fouquet,
Que dessoubre sa mau eissayo soun cotet.
Vous ne vezés eichi ni padrix ni padraux,
A l'est dins li dessein de vous faire do maux.

A que proupos, la pau s'emparo do cura,
A l'auyo eità be n'aize de fure coum'un chat,
Du côta de chez se àvirot le davan,
Par les ètre putot a traverse los champs :
De le veire vouler a quou eiro uno marvillo,
Dins soun partu de thio n'entreisso uno dentillo.

Coumbaud, moun ami, s'eicredet Jaquelino,
Notre brave cura z'ot voueida la cugino ;
A mot dit que chez se a l'ayot dos amis
Qu'érount mieux faits que te par manger las padrix.
Un padraux est-lio fait par un cheti paizant ;
Par manger cos mourceaux, quou est par se trop friant.
Après m'avei dit quou, à lot preis las ganteiras,
Vegeo-le que s'en fut chanau par las chareiras ;
Vite deipeicho te, chi t'en voulés tater,
Facho tout toun pouchible par poudei le traper.

Coumbaud, coum'un furieux, enfialo le chami ;
Soun coutet à la mau, fugiet tant qu'un mati.
Couqui, vouleur, larroun, cura de Malintra,
Toutas douas las aureis quand doyot être eicourcha.

Le cura, boun eivier, fugiot de bouno sorto,
A guagno soun chez se, et peu sarro sa porto.

A ne se fiayot pas à sos chimpleis varroux;
A bouttet par darrei trois ou quatre satous,
Peu par soun eichalet a grimpet au pu vite,
Et dedins soun grenei a vai chercher un gitte ;
Se sarro par darrès et peu bado un voule,
Par veire chi Coumbaud z'eiro davant chez se.

A le veguet d'en bas que ressemblavo un fo,
Que vouliot enfouncer la porto embey soun thio.

Que vouleis-tu de yo, couqui, eifloulera,
Le pus fameux couqui que chot dins Malintra?

Ce que yo voule de te, las voule toutas douas,
Ou be au proumei rencountre, yo te thuie dins las rouas.

Tu n'auras re do tout, te seis un malheiroux,
Que sens aucuno fauto te faras pendre un jour.

Eh be, coumposens dount, baillo m'en dos moins uno,
Ou yo casse ta porto, car le diable me meno.
Chitot Coumbaud s'eitacho après le pourtalou,
Tout tremblavo à la cop, et satous et varroux.
Le boun cura credavot : Boun Dieu, fachas marvillas ;
Saint Jan, que moun patroun, sauvas-me mas orillas :
La couliquo le prend, a l'ayot la venetto,
Au quarre do greneis a lachet l'aiguilletot.

Coumbaud n'entend re pus, billau quel homme est mort,
Par s'eintourner chez se a fait tout soun effort :
Ah ! chi yot z'eussot pensa de verre un parei tou,
Mo chiyo pas levat uno heuro davant jour.

Toinoun, que pensas-tu de la fennas d'entànt?
Billau qu'ellas d'aneu n'en fagount tout autant.
Yo z'ai entendu par ma paubro grand-meiro
Quon faut toujours sauver la proumeiro couleiro.

Te troubaras billaud moun coumpte un pau trop loung ;
Que faire, moun ami? ligeot-le jusqu'au fount.
Yo z'ai tous tos papeis sarras dins ma cassetto,
Billau be que dos mienneis t'en fazés regeo netto.
Yo m'en rapporte à te, à ta propro counchenço.
Le boun Dieu te conserve et te baillo pachenço..

LIBRAIRIE
CLASSIQUE ET LITTÉRAIRE

DE

DUCHIER

Rue Saint-Esprit, n° 26

A CLERMONT-FERRAND

Etalage de livres anciens et modernes contre les jardins de la Préfecture (Place des Petits-Arbres), succursale à St-Mart, en face l'établissement thermal.

Nouveautés toutes les semaines.

Commission sur Paris dans les 24 heures.

Abonnement à tous les journaux.

On trouve dans cette librairie tous les ouvrages nouveaux des principales maisons de Paris.

Livres classiques pour tous les établissements.

Articles de bureau en tout genre.

Livres de luxe, gravures, vues et costumes d'Auvergne.

Nouveau plan de Clermont-Ferrand, cartes géographiques, livres sur l'Auvergne anciens et modernes, patois d'auvergne, chansons, etc., papiers, plumes, encres.

GROS ET DÉTAIL.

L'ANE ET LE CHIEN.

Fable en patois de la montagne d'Auvergne
(Puy-de-Dôme)

—

1865

Nous devins nous prétâ secou los j'us los z'autreis,
Cou nous z'est éta anonça pa los n'apotreis ;
Daliu la natiura nous z'o coumanda,
Tatchins de pas meritâ reprimanda,
L'ane cepindint un djou voudieit s'in mouquâ,
Cou est pas suin pourtant qu'au z'âme à manquâ,
Au n'est djamais éta bien desavègne,
De quo que cha manira qu'i n'aveigne ;
Çartas au s'in mouquei à sos dépins,
Couma vous z'o verrez diins un moumint.
Au s'in n'âve un djou in vouiadge imbei un tchi,
Et lui meitre à to dous y z'éra auchi.
Is martchâvont treis-tous trantilamint,
Sins pinsâ in mau bien churâdamint.
Le meitre, sins faire intincho à l'ennemi,
Se coudgei pa le sau et s'indroumi.
L'ane se troubâye au métan d'un pra,
Que poudia i furni à mandgeâ à son gra.
L'herba parécha bouna, au la voudiei tâtâ,
Au se dechidei à nin faire son gota.
Au la peicha beit gout et bien trantilamint ;
Meis au pinsâva pas aux tcharpos diins quet moumint.

L'ANE ET LE CHIEN.

Traduction littérale en français.

Nous devons nous prêter secours les uns les autres,
Cela nous a été annoncé par les apôtres.
D'ailleurs la nature nous le commande,
Tâchons de ne pas mériter réprimande.
L'âne un jour voulut s'en moquer ;
Ce n'est pas souvent pourtant qu'il aime à manquer.
Il n'a jamais été bien contrariant,
De quelque manière qu'il lui en arrive.
Certes, il s'en moqua à ses dépens,
Comme vous le verrez dans un moment.
Il s'en allait en voyage avec un chien,
Et leur maître à tous deux y était aussi.
Ils marchaient tous trois tranquillement,
Sans penser en mal assurément.
Le maître, sans penser à l'ennemi,
Se coucha à terre et s'endormit.
L'âne se trouvait au milieu d'un pré
Qui pouvait lui fournir à manger à son gré.
L'herbe paraissait bonne, il voulut la tâter ;
Il se décida à en faire son goûter.
Il la paissait avec goût et bien tranquillement,
Et il ne pensait pas aux chardons dans ce moment.

Le paubre diable! n'est pas ma quos délicas
Que ne troubont djamais rien de bou à tchiquá.
Le tchi que z'éra à couta de se z'aïa na fam,
Qu'éra diins le cas d'i rédgea los flancs,
S'apretchei d'una manira galanta,
Et i disseit d'una voïx supplianta :
Paubre ami, yau te predje bien de te courbâ,
Ou d'autramint la fam me vei tombâ.
Yau pindrei mon dinâ diins le panei do po,
Et yau te djure que farai pas d'autre mau.
Notre âne impluiâvà tellamint bien son timps,
Qu'au ne voulia pas pèadre un co de dins.
Au fadieit pindint bien lontimps le sou,
Et pécha chi bien, qu'au randia pas le mou.
Le tchi, que cessâva pas de le trouminta,
L'impourtiunei be tant qu'au le fadieit parlâ.
Alo, l'âne i disseit : Ami, yau te conseille
De pitâ que le meitre se déveille ;
Au te balliara be sins que l'i damandâ
Le dinâ que par te au m'a fait pourtâ.
Mas domintre qu'is teniont quella conférança,
Un grand lou affama sotei de la fourei,
Proufitei da que l'agréabla chirconstança
Pa débarassâ l'âne de sa pei.
L'âne à son tou sounei le tchi à son secou,
Quéli fadieit à son tou, ma chi z'éra sou.
A la fi, i disseit : Ami, yau te conseille
De fudgi d'avant que ton meitre se déveille.
Yau pinse be qu'au demorara guère ;
Mas in atindint, ne soubrias mu faire.

Le pauvre diable ! il n'est pas comme ces délicats
Qui ne trouvent jamais rien de bon à chiquer (à manger).
Le chien, qui était à côté de lui, avait une faim
Qui était dans le cas de lui arracher les flancs ;
Il s'approcha d'une manière galante,
Et lui dit d'une voix suppliante :
Pauvre ami, je te prie de te baisser,
Ou bien la faim va me tomber ;
Je prendrai mon dîner dans le panier du pain,
Et je te jure que je ne ferai pas d'autre mal.
Notre âne employait tellement bien son temps,
Qu'il ne voulait pas perdre un coup de dent.
Il fit pendant bien longtemps le sourd,
Et il paissait si bien, qu'il ne lui disait mot.
Le chien, qui ne cessait pas de le tourmenter,
L'importuna bien tant, qu'il le fit parler.
Alors l'âne lui dit : Ami, je te conseille
D'attendre que le maître se réveille ;
Il te donnera bien, sans que tu lui demandes,
Le dîner que pour toi il m'a fait apporter.
Mais pendant qu'ils tenaient cette conférence.
Un grand loup affamé sortit de la forêt,
Profita de cette agréable circonstance
Pour débarrasser l'âne de sa peau.
L'âne à son tour appela le chien à son secours.
Celui-ci fit à son tour comme s'il était sourd.
A la fin il lui dit : Ami, je te conseille
De fuir avant que ton maître se réveille.
Je pense bien qu'il ne tardera guère ;
Mais en attendant tu ne saurais mieux faire.

Laissa-ti ta tchârdgea et sauva-țe ité,
Fudgissa la dint da quel satellite.
Tui seis fara tout nieu, poudez be le cougnâ;
Che au s'apretcha pas trop pris, cassa i las gognas.
Invouia i na bouna ruâda,
Et fouta i na grossa petâda;
Te l'étindras rede à tos pis,
Sins qu'au z'adge le timps de déguerpi.
Mas pindint que fageònt quella conversacho,
Le lou ribeit et i fadieit sa coumicho.

Aidins-nous un et l'autre, yau vous z'in condjure,
Nous nous tirarins tedjours d'affaire à cop sûr.

Laisse là ta charge et sauve-toi vite;
Dépêche-toi de fuir ce satellite.
Tu es ferré à neuf, tu peux bien le cogner;
Envoie-lui une bonne ruade,
Et fous-lui un gros pet; —
Tu l'étendras raide à tes pieds,
Sans qu'il ait le temps de déguerpir.
Mais pendant qu'ils faisaient cette conversation,
Le loup vint et lui fit sa commission.

Aidons-nous l'un l'autre, je vous en conjure;
Nous nous tirerons toujours d'affaire à coup sûr.

PRODUCTIONS.

Nous croyons devoir citer ici quelques renseignements que nous puisons dans la *Petite Géographie* de Paul Neulat. L'archéologue, le minéralogiste, et le botaniste les accueilleront avec plaisir.

RÈGNE MINÉRAL.

Les productions de ce règne abondent. Nous citerons d'abord les *laves* de Volvic et de Pariou, qu'on emploie pour les constructions conjointement avec les *trachytes* du Mont-Dore ; les *granites* de Saint-Yvoine ; les *arkoses* de Coudes et de Montpeyroux ; les *calcaires* de Chaptuzat et de Chauriat, et les *gneiss* de Menat. Pour les voûtes on se sert des *scories* qui se trouvent en abondance aux environs de Clermont, et pour les mortiers, des *pouzzolanes* de Durthol et de Gravenoire. Les *basaltes tabulaires* de Saint-Bonnet, au-delà du Pont-des-Eaux, servent à faire des ponts sur les ruisseaux, et les *phonolithes* de la Roche-Tuilière à couvrir les habitations.

Enfin, le *marbre* grossier de Nonette remplace jusqu'à un certain point, pour les tablettes de cheminée et les dessus de table, les beaux marbres d'Italie et des Pyrénées.

Les minerais sont assez communs, mais on les exploite peu. On trouve du *plomb sulfuré argentifère* à Pontgibaud, à Saint-Amant-Roche-Savine, à Sauriers, à Saint-Gervais ; du *tripoli* à Menat ; de la *houille* à Brassac, à Savenne, à Plagne, à Messeix, à Singles, à Saint-Éloi ; de l'*antimoine sulfuré* à Angle-Bas, à Saint-Sauves, à Anzat-le-Luguet ; de la *baryte sulfatée* à Champeix, à Auzat-sur-Allier, à Saint-Amant-Roche-Savine, à Courgoul ; de l'*alun*, près du Mont-Dore. Quelques indices de *cuivre carbonaté* se montrent à Saint-Yvoine, et les bancs de *chaux carbonatée* de Montaigut-le-Blanc ont, dit-on, le grain assez fin pour pouvoir être employés par les lithographes. Le *plâtre* est peu répandu : on ne l'exploite guère que pour l'agriculture. La *tourbe* est plus commune. On en voit des couches d'une assez grande épaisseur à la Croix-Morand, à Mauzun, à Saint-Amant-Roche-Savine, à Randanne, et dans les communes de Saint-Alyre, d'Issoire, de la Godivelle, de la Tour-d'Auvergne, etc.

Les pierres précieuses sont rares dans le Puy-

de-Dôme. On trouve cependant de petites *éme-*
raudes dans quelques parties de l'arrondissement
d'Issoire et des environs de Pontgibaud. De mi-
croscopiques *topazes* se montrent quelquefois
dans les sables de l'Allier et dans les ruisseaux
de Vic-le-Comte, Pardines et Perrier. Enfin, dans
les communes du Vernet, de Lamontgie, de
Champagnat-le-Jeune et de la Chapelle-sur-
Usson, les bancs de *quartz améthyste* sont assez
répandus.

Les *argiles* sont assez communes. Celles des
environs de Lezoux servent à faire des creusets.
On en emploie d'autres dans quelques fabriques
de faïence; mais celles qui seraient propres à la
poterie de grés sont généralement peu exploitées.

RÈGNE ANIMAL.

Le Puy-de-Dôme ne possède aucun animal qui
lui soit particulier. Le *loup* et le *sanglier* vivent
dans les forêts du Mont-Dore et des cantons de
Châteldon et de Saint-Remy, et ne se montrent
près des habitations, le premier surtout, que
lorsque la neige les chasse de leurs demeures.
Le *cerf* et l'*hermine*, jadis très-communs, ne
paraissent que rarement; la *loutre* disparaît de
plus en plus; et, pendant que l'*aigle* commun et

le *milan* planent autour des pics les plus inaccessibles, le *saumon* et l'*alose* cèdent à la *carpe*, au *brochet* et à l'*anguille*, les eaux de l'Allier où ils régnaient autrefois en souverains. Dans les montagnes, les ruisseaux sont peuplés de *truites*, et l'*ombre chevalier* y paraît quelquefois.

RÈGNE VÉGÉTAL.

Des deux mille espèces de plantes que produit la Basse-Auvergne, nous ne mentionnerons que les *chanvres* dont la bonne qualité est généralement reconnue ; les *blés* cultivés en grand dans toute la Limagne ; les *pins* et les *sapins* qui servent à construire les bateaux de la Loire et de l'Allier. Dans les montagnes basses, le *froment* fait place au *seigle*, la *vigne* disparaît ; et si l'on s'élève plus haut, on ne trouve aucune espèce de céréales, et d'énormes masses de *bruyères* couvrent la terre. (Voyez les ouvrages de MM. Gonod, Lecoq, Bravard, etc.)

EAUX MINÉRALES.

Les eaux minérales du Puy-de-Dôme se divisent en *froides* et *thermales*. Ces dernières ne se trouvent que dans les montagnes occidentales.

1° *Eaux froides*. Au nord d'Aigueperse ; à Saint-Myon ; à Médague (près du Pont-du-Château) ; à Cornets et Font-Salade (quatre kilomètres N.-E. de Billom) ; à Saint Germain-Lembron ; à Châteldon ; à Sallé (commune de Courpière) ; à Saint-Amant-Roche-Savine ; à Talaru (près d'Ambert) ; à la Bêcherie (près de Job) ; à Arlanc ; à Josse (commune de Dore-l'Eglise) ; à Chapdes-Beaufort ; à Javel (près de Pontgibaud) ; à Saint-Floret ; à Sauriers ; à Beaulieu, etc.

2° *Eaux thermales*. A Gimeaux (à cinq kilomètres de Riom) ; leur température est de 25° centigrades ; à Châtelguyon, température 32° ; à Clermont, deux sources : une à la barrière de Jaude, température 22° ; l'autre dans le faubourg Saint-Alyre, température 25° ; à Saint-Mart, température 25° ; aux Martres-de-Veyre, température 36° ; à Vic-le-Comte, température 35° ; à Saint-Nectaire, température 37° ; à la Bourboule (près de Murat-le-Quaire), etc.

L'établissement thermal le plus important du département est celui du Mont-Dore. Il renferme huit sources, dont deux sont froides et huit thermales. Les premières s'appellent : l'une *Source du Tambour*, l'autre *Fontaine de Sainte-Marguerite*.

Voici le nom, la température et le nombre de

litres de liquide que chacune des secondes peut donner par minute :

Fontaine Caroline........	45°	43 litres
Bains de César..........	45	41
Grand bain............	41	38
Bain Ramond..........	42	13
Source Rigny..........	42	12
Fontaine de la Magdeleine.	45,15	100
		———
		247

ANTIQUITÉS.

Le département renferme : 1º des antiquités gauloises ou celtiques; 2º des antiquités romaines; 3º des antiquités chrétiennes.

1º ANTIQUITÉS GAULOISES. Ce sont les *peulvans* ou *menhirs*, les *dolmens*, les *pierres branlantes*, les *allées couvertes*, les *tumuli* ou *tombelles*, les *haches en silex*, etc.

Les *peulvans* ou *menhirs* se composent d'une pierre de forme allongée, plantée verticalement en terre, tantôt par la pointe, tantôt par la base la plus large. Les gens de la campagne leur donnent les noms de *pierre-fichade, pierre-fiche, pierre-droite, pierre-fite*, etc.

Ces pierres servaient à plusieurs usages; elles marquaient tantôt un champ de bataille, tantôt la sépulture d'un grand homme, d'autres fois encore la séparation de plusieurs peuples.

Le plus beau menhir du Puy-de-Dôme se trouve à Davayat. Il n'a pas moins de 4 mètres 66 centimètres de hauteur hors de terre. Il y en a un autre à Ludesse; un troisième près du Puy-de-la-Poix; un quatrième près du pont d'Aubière, sur la route de Clermont à Issoire; un cinquième près de Besse; non loin du lac Chambon; un sixième à Saint-Genès-du-Retz; un septième à Thedde; un huitième à Villars. Ces deux derniers sont surmontés de croix de fer (1).

Les *pierres branlantes* sont formées par deux énormes blocs de rochers, dont l'un supporte l'autre. Ces deux blocs n'ont, pour ainsi dire, qu'un point de contact, et leur équilibre est établi de telle sorte que le moindre choc suffit pour imprimer au supérieur une oscillation marquée. On les regarde en général comme des pierres probatoires dont on faisait usage pour rechercher la culpabilité des accusés. Etait convaincu du crime imputé celui qui ne pouvait remuer le rocher mobile.

Les pierres branlantes s'appellent encore *pierres roulantes*, *pierres folles*, *pierres qui virent*, *pierres qui dansent*, etc.

Il y en a une à Mont-la-Côte, dans la com-

(1) Le menhir de Ludesse paraît indiquer un ancien champ de bataille; c'est du moins ce que font naturellement penser les noms donnés aux lieux circonvoisins. Ainsi on trouve d'un côté les terres de *Combat*, de l'autre les *défilés de Prends-toi-garde* (prends ti gardo); plus loin les *ravins des fosses, la plaine des gens d'armes* (la gens d'armo), les *champs de par* (*para*, se défendre); etc.

mune de Gelles ; une autre près de Thuret ; une troisième sur le chemin de Thedde à Saint-Genès-Champanelle. On doit citer encore le *rocher de Deveix*, à 5 kilomètres ouest de Rochefort ; le *ré de la pila*, sur la route de Durtol à Chanat ; la *roche romaine* ou le *cœur branlant*, sur un des monticules du bois de Reure , à l'ouest de Combronde.

Un *dolmen* se compose d'une table de pierre plus ou moins large , plus ou moins épaisse , et posée à plat et horizontalement sur d'autres pierres plantées verticalement en terre par leur partie étroite , et généralement au nombre de trois.

Les dolmens servaient d'autels pour les sacrifices. Quelquefois aussi les guerriers y faisaient monter ceux qu'ils élisaient pour chefs. Le peuple des campagnes les appelle *pierres des fées*, *tables de César*, *pierres levées*, *pierres levades*, etc. Il en existe un sur le mont Cornador ; un autre près de Dore-l'Eglise ; un troisième près de Saint-Gervais ; un quatrième dans le bois de Villeneuve ; un cinquième sur la route de Saint-Amant-Roche-Savine à Ambert, à 3 kilomètres de cette dernière ville , au-dessous du village de Boissière , et à 70 mètres de la route. Le plus beau est à Saint-Nectaire , vis-à-vis des bains d'en bas; sa table a 4 mètres de longueur sur 2 mètres 35 centimètres de largeur.

Les *allées couvertes* que les gens du peuple appellent encore *tables du diable*, *palais des géants*, *roches aux fées*, etc., ressemblent à des galeries composées de deux rangs de pierres brutes et verticales, supportant plusieurs tables horizontales qui forment une espèce de toit.

Le département n'a qu'un monument de ce genre. Il se trouve près du hameau de Cournol, dans la commune d'Olloix. Sa longueur est de onze mètres, sa largeur de quatre, et sa hauteur de six.

On appelle *tumuli* des monticules factices, élevés au-dessus de la dépouille des morts. Ces tertres sont composés de terre ou de cailloux recouverts de gazon, et affectent le plus souvent la forme pyramidale ou conique. Il en existe à Ennezat, aux Martres-d'Artières, à Charbonnières et près de Giat.

Outre les monuments dont il vient d'être question, le Puy-de-Dôme en possède encore quelques autres qu'on attribue également aux Gaulois. Tels sont les *camps* de Corent, de Chazaloux (à cinq kilomètres sud-est de Pontgibaud), de Randanne, etc.; tels sont les *souterrains* qui existent encore dans un grand nombre de communes, dans celle de Saint-Bonnet près Orcival, et dans les environs de Saint-Laure et d'Effiat, par exemple, qu'on regarde comme ayant servi, en temps de guerre, de retraite aux habitants du pays ; telles sont enfin les petites *enceintes* en pierres sèches qui se trouvent sur la montagne de Villeneuve.

C'est aussi aux vieux Arvernes qu'on attribue ces grottes plus ou moins profondes qui se voient sur le mont Cornador et dans quelques autres lieux. Le peuple les appelle *Grottes aux Fées*.

Le souvenir des fées, de ces prêtresses gauloises, auxquelles on croyait un pouvoir illimité sur les hommes et sur les éléments, est encore très-vivace dans l'esprit des habitants de la campagne. Ils donnent leur nom à une foule de localités où ils croient les voir encore danser la nuit, au clair de la lune, et leur attribuent tout ce dont ils ne peuvent s'expliquer l'origine.

On trouve la *Roche aux Fées*, à la Bourboule ; la *Roche de Vorpie*, près de Job ; la *Pierre des Fées*, à un kilomètre de Billom ; le *Temple des Fées*, près de Ludesse ; la *Fontaine des Fées*, à Saint-Floret, etc.

2° MONUMENTS ROMAINS. Pendant leur domination en Gaule, les Romains y construisirent un grand nombre de monuments de différents gen-

res : temples , aqueducs, théâtres , cirques , etc.
De tout ce qu'ils firent en Auvergne, il ne reste
plus que d'informes débris. On en peut dire autant de leurs routes. Quelques fragments de ces
dernières paraissent cependant encore assez bien
conservés sous le gazon et les bruyères qui les
recouvrent. Les bornes ou *pierres milliaires* ont
également presque entièrement disparu ; une
seule est encore en place. On la trouve sur le
petit chemin d'Issoire à Nonette ; elle est sans
inscription. On en voit une autre dans une des
salles de la mairie de Vollore-Ville, où on l'a
depuis peu fait transporter.

3° MONUMENTS CHRÉTIENS. Les monuments
chrétiens se divisent en trois sortes : 1° Monuments religieux ; 2° monuments féodaux ; 3° monuments civils.

Monuments religieux. — Ce sont les églises,
les tombeaux, les baptistères , les lanternes des
morts, etc.

Les églises peuvent se diviser en quatre classes :
la première comprend celles qui appartiennent à
l'architecture romano-byzantine ; la seconde ,
celles qui appartiennent à l'architecture de transition ; la troisième , celles qui appartiennent à
l'architecture ogivale, vulgairement appelée
gothique ; la quatrième, celles qui n'appartien-

nent à aucun des genres d'architecture déjà nommés.

Le département possède quatre-vingt-cinq églises romano-byzantines. Les plus remarquables sont : Notre-Dame-du-Port à Clermont, Saint-Paul d'Issoire, et les églises de Manglieu, Mozat, Ennezat, Chauriat, Volvic, Saint-Saturnin, Saint-Nectaire et Royat.

La plupart de ces églises ont été bâties du sixième au onzième siècle. Celle de Notre-Dame-du-Port, la plus remarquable de toutes, est du sixième. Détruite au huitième par les Normands, elle fut reconstruite vingt-six ans après par saint Sigon, évêque de Clermont.

Les plus belles églises de l'époque dite de transition sont : Saint-Amable de Riom (xie siècle); Notre-Dame d'Aigueperse (xiiie siècle); les Jacobins de Clermont (xiiie siècle), Sainte-Martine de Pont-du-Château, etc.

A l'architecture ogivale appartiennent la cathédrale de Clermont, l'église de Montferrand, Saint-Jean d'Ambert (xve siècle), les Saintes-Chapelles de Riom, Aigueperse et Vic-le-Comte, l'église du Marthuret de Riom (xve siècle), etc.

La cathédrale de Clermont, quoique non achevée, est une des plus belles églises gothiques du centre de la France. Elle fut commencée en **1248** par Jean Deschamps, sous l'épiscopat de Hugues de Latour, et on y travailla jusqu'en 1265. Elle ne reçut la couverture en plomb qu'on lui voit qu'en 1507, sous l'épiscopat de Jacques d'Amboise.

La Sainte-Chapelle de Riom fut fondée en 1382, par Jean de France, duc de Berry (dans la partie qui existe sont déposées les archives de la ville); celle de Vic-le-Comte, au commencement du seizième siècle, par Jean Stuart, duc d'Albany et comte d'Auvergne; enfin celle d'Aigueperse, en 1465, par Louis Ier de Bourbon, comte de Clermont et de Sancerre, dauphin d'Auvergne. Celle-ci fut érigée en collégiale par le pape Sixte IV; elle eut huit chanoines, huit chapelains, et quatre enfants de chœur. Le fondateur y fut enterré en 1482, ainsi que Gilbert de Montpensier, vice-roi de Naples, en 1501.

Des églises postérieures au quinzième siècle, nous ne citerons que Saint-Pierre-les-Minimes à Clermont. Elle fut fondée en 1630, par Marguerite Saulnier, sous l'épiscopat de Joachim d'Estaing.

Le département possède un baptistère bien conservé, au Chambon, arrondissement d'Issoire, et une lanterne des morts à Culhat, arrondissement de Thiers.

Comme dans toutes les autres parties de la France, il y a dans le Puy-de-Dôme des restes d'anciennes abbayes. Plusieurs des églises mentionnées plus haut ont même fait partie de monuments de cette espèce, par exemple, à Mozac, Menat, à Manglieu, etc. Les principales abbayes d'hommes étaient celles de Saint-Alyre de Clermont; de Saint-Austremoine d'Issoire; du Bouchet, anciennement *Val luisant*, près d'Yronde; de Mégemont; de Manglieu; de Menat; du Moutier de Thiers, etc. Parmi celles de femmes, on trouvait Sainte-Claire à Clermont; Lavassin à Saint-Donat; Laveine, près de Crevant; Chamalières et Beaumont, près de Clermont, etc.

Dans la classe des monuments religieux sont rangées les croix de pierre ou d'autre matière, les châsses, etc., qu'on voit dans quelques églises. Les deux plus belles croix sont l'une à Royat, l'autre à Vollore-Ville.

Monuments féodaux. — La Basse-Auvergne avait autrefois six cents châteaux, et dans ce nombre ne sont pas comprises les tours à signaux et plusieurs centaines de maisons seigneuriales qui, quoique fortifiées, ne l'étaient cependant pas assez pour mériter le nom de forteresses. Les principaux se trouvaient à Nonette, Ybois, Vodable, Usson, Ardes, Buron, Champeix,

Murols, Saint-Nectaire, Mauzun, Vertaizon, Châteldon, Randan, Pont-du-Château, Montcelets, Mercurols, Fromental, Montredon, Rochefort, Vollore-Ville, La Roche-Sanadoire, La Roche-Vendeix, Tournoël, Murat-le-Quaire, Montpensier, Montaigut-le-Blanc, Busséol, etc.

Les quatre premiers passaient pour les plus forts, et un vieux proverbe disait :

Vodable, Ybois, Nonette, Usson,
D'Auvergne les quatre clés sont.

Il y avait des tours à signaux à Bourassol, au Crest, à Montpeyroux, à Laps, à La Sauvetat, etc.

Peu de ces vieux manoirs sont aujourd'hui debout. La plupart ont complètement disparu, détruits, les uns par les gens du pays pendant la guerre des Anglais (la Roche-Vendeix et la Roche-Sanadoire); les autres par les ministres Richelieu et Mazarin (Montpensier, Ybois, Nonette, Usson, etc.); d'autres, abandonnés par leurs propriétaires, ont fini par tomber pierre à pierre sous l'effort du temps, et par devenir inhabitables (Murols, Aix-Lafayette, Montaigut-le-Blanc, etc.); d'autres encore, comme à Barante, à Ludesse, etc., ont été démolis, et de leurs matériaux on a construit des habitations modernes.

Ceux de Pontgibaud, Saint-Saturnin, Châteldon, Saint-Diéry, Vollore-Ville, Randan, existent encore, mais plus ou moins restaurés, agrandis ou dénaturés.

Plusieurs de ces châteaux communiquaient entre eux au moyen de souterrains dont il existe en quelques endroits des traces. L'un d'eux conduisait, dit-on, du château de Nonette à celui de Vodable.

Parmi les monuments féodaux, on peut placer un camp très-vaste, découvert, il y a peu de temps, près de Neschers.

Monuments civils. — Les principaux monuments civils du département, tous modernes, sont : l'hôtel-de-ville, les halles, la salle de spectacle et le lycée impérial de Clermont, le Palais des Facultés, et l'église de St-Eutrope; la halle d'Issoire; la maison d'arrêt et le palais de justice de Riom; l'établissement thermal du Mont-Dore, établissement de St-Mart, etc.

On voit au musée de Clermont un grand nombre d'objets appartenant aux antiquités gauloises, romaines et nationales. Ce sont des pointes de flèches, des haches et des poignards en silex, des lances en fer ou en cuivre, des casse-tête, des fouets, des poteries, des monnaies, des vases, des fragments de statues, des casques, etc.

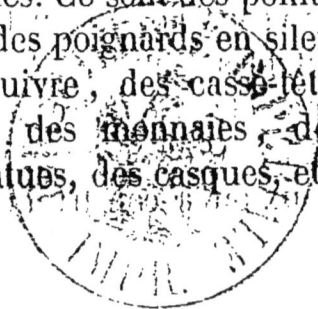

8.

TABLE DES MATIÈRES.

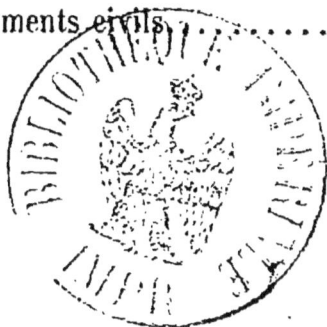

FIN

Clermont, imprimerie Mont-Louis, rue Barbançou, 2.